P. Baudouin invenit

LA PRINCESSE

DE

NAVARRE,

COMÉDIE-BALLET;

FESTE DONNÉE PAR LE ROY
en son Château de Versailles,
Le Mardi 23. Février 1745.

DE L'IMPRIMERIE

DE BALLARD Fils, reçû en survivance de la Charge
de Seul Imprimeur du Roy pour la Musique.

Par exprès Commandement de SA MAJESTÉ.

AVERTISSEMENT.

E ROI a voulu donner à MADAME
LA DAUPHINE une Fête qui ne fût
pas seulement un de ces Specta-
cles pour les yeux, tels que toutes les Nations
peuvent les donner, & qui passant avec l'éclat
qui les accompagne, ne laissent après eux au-
cune trace. Il a commandé un Spectacle qui
pût à la fois servir d'amusement à la Cour,
& d'encouragement aux beaux Arts, dont il
sçait que la culture contribue à la gloire de
son Royaume. M. le Duc de Richelieu, Premier Gentilhomme de la Chambre en exer-
cice, a ordonné cette Fête magnifique.

Il a fait élever un Théâtre de cinquante-
six pieds de profondeur dans le grand manege

de Versailles, & a fait construire une Salle, dont les décorations & les embellissements sont tellement menagés, que tout ce qui sert au Spectacle doit s'enlever en une nuit, & laisser la Salle ornée pour un Bal paré, qui doit former la Fête du lendemain.

Le Théâtre & les Loges ont été construits avec la magnificence convenable, & avec le goût qu'on connoît depuis long-tems dans ceux qui ont dirigé ces préparatifs.

On a voulu réunir sur ce Théâtre tous les talens qui pourroient contribuer aux agrémens de la Fête, & rassembler à la fois tous les charmes de la déclamation, de la Danse & de la Musique, afin que la personne Auguste, à qui cette Fête est consacrée, pût connoître tout d'un coup les talens qui doivent être doresnavant employés à lui plaire.

On a donc voulu que celui qui a été chargé de composer la Fête, fît un de ces ouvrages

Dramatiques, où les divertiſſemens en muſique forment une partie du ſujet , où la plaiſanterie ſe mêle à l'Heroïque , & dans leſquels on voit un mélange de l'Opéra, de la Comédie, & de la Tragédie.

On n'a pû ni dû donner à ces trois genres toute leur étenduë ; on s'eſt efforcé ſeulement de réunir les talens de tous les Artiſtes qui ſe diſtinguent le plus , & l'unique mérite de l'Auteur a été de chercher à faire valoir celui des autres.

Il a choiſi le lieu de la Scene ſur les Frontieres de la Caſtille , & il en a fixé l'époque ſous le Roy de France Charles Cinq , Prince juſte , ſage & heureux , contre lequel les Anglais ne purent prévaloir , qui ſecourut la Caſtille, & qui lui donna un Monarque.

Il eſt vrai que l'Hiſtoire n'a pû fournir de ſemblables allégories pour l'Eſpagne. Car il régnoit alors en Castille un Prince cruel & sans foi ; & sa femme n'étoit point une Héroïne, dont les enfans fussent des Héros. Presque tout l'ouvrage est donc une fiction dans laquelle il a fallu s'asservir à introduire un peu de bouffonnerie, au milieu des plus grands intérêts, & des Fêtes au milieu de la guerre.

Ce Divertissement a été exécuté le 23 Février de cette année 1745, vers les six heures du soir. Le Roi s'est placé au milieu de la Salle, ayant auprès de lui, la Reine, Monsieur le Dauphin, Madame la Dauphine & Mesdames.

Les Princes & les Princesses du Sang achevoient le cercle. Les Grands Officiers de la Couronne étoient derriere la Famille Royale.

Il eût été à désirer qu'un plus grand nombre de Français eût pû voir cette assemblée, tous les Princes de cette maison qui est sur le Trône long-tems avant les plus anciennes du monde, cette foule de Dames parées de tous les ornemens qui sont encore des chef-d'œuvres du goût de la Nation, & qui étoient effacés par elles ; enfin cette joye noble & décente qui occupoit tous les cœurs & qu'on lisoit dans tous les yeux.

On est sorti du Spectacle à neuf heures & demie dans le même ordre qu'on étoit entré, & alors on a trouvé toute la façade du Palais, & des Ecuries illuminée. La beauté de cette Fête n'est qu'une foible image de la joye d'une Nation qui voit réunir le sang de tant de Princes ausquels elle doit son bonheur & sa gloire.

Sa Majesté, satifaite de tous les soins qu'on a pris pour lui plaire, a ordonné que ce Spectacle fût représenté encore une seconde fois.

ACTEURS CHANTANS
DANS TOUS LES CHŒURS.

LES DEMOISELLES.

DUN.

DELORGE.

VARQUIN.

THULOU.

DALMAND.

LARCHER.

DELASTRE.

RIVIERE.

CARTOU.

MONVILLE.

MAÇON.

JAQUET.

ADELAIDE.

DE VERNEUILLE.

ROLET.

LES SIEURS,

PERSON.

LEFEBVRE.

ROCHETTE.

CHABOURD.

LEBRETON.

HOUBAULT

GALLARD.

DUCHENET.

FEL.

BOURQUE.

LES SIEURS

BORNET.	ORBAN.
LEPAGE.	BELOT.
MARCELET.	LEVASSEUR.
LEFEBVRE.	CORDELET.
GRATIN.	CUVILLIER.
DE SERRE.	SAINT-MARTIN.
LE MESLE.	FORESTIER.
RHONE.	

ACTEURS

DE LA COME'DIE.

CONSTANCE,
  Princesse de Navarre, La Demoiselle GAUSSIN.

LE DUC DE FOIX, Le sieur GRANVAL.

DOM MORILLO,
  Seigneur de Campagne, Le sieur POISSON.

SANCHETTE,
  Fille de Morillo, La Demoiselle DANGEVILLE.

LEONOR, *l'une des Femmes
  de la Princesse*, La Demoiselle GRANVAL.

HERNAND, *Ecuyer du Duc*, Le sieur ARMAND.

UN OFFICIER DES GARDES, Le sieur LEGRAND.

UN ALCADE, Le sieur LA TORILIERE.

UN JARDINIER, Le sieur PAULIN.

Suite.

La Scene est dans les Jardins de DOM MORILLO,
  sur les confins de la Navarre.

PROLOGUE
DE LA FESTE
POUR LE MARIAGE
DE MONSIEUR
LE DAUPHIN.

LE SOLEIL descend dans son char, & prononce
ces paroles. (a)

L'INVENTEUR des beaux Arts le Dieu de la lumiere,
Descend du haut des Cieux dans le plus beau séjour,
Qu'il puisse contempler en sa vaste carriere.

 La Gloire, l'Himen & l'Amour,
 Astres charmants de cette Cour,
 Y répandent plus de lumiere,
 Que le flambeau du Dieu du jour.

(a) La Demoiselle CLAIRON.

PROLOGUE.

J'envisage en ces lieux le bonheur de la France,
Dans ce Roi qui commande à tant de cœurs soumis ;
Mais tout Dieu que je suis, & Dieu de l'éloquence,
    Je ressemble à ses ennemis,
    Je suis timide en sa présence.

    Faut-il qu'ayant tant d'assurance,
    Quand je fais entendre son nom,
    Il ne m'inspire ici que de la défiance ?
    Tout grand homme a de l'indulgence,
    Et tout Héros aime Appollon.
Qui rend son siecle heureux, veut vivre en la mémoire.
Pour mériter Homere, Achille a combattu.
    Si l'on dédaignoit trop la Gloire,
    On chériroit peu la Vertu.

Tous les Acteurs bordent le Théâtre, représentant les
Muses & les beaux Arts.

O vous qui lui rendez tant de divers hommages :
Vous qui le couronnez, & dont il est l'appui :
N'esperez pas pour vous avoir tous les suffrages,
    Que vous réunissez pour lui.
Je sçais que de la Cour la science profonde,
    Seroit de plaire à tout le monde ;
C'est un Art qu'on ignore ; & peut-être les Dieux
En ont cedé l'honneur au Maître de ces lieux.

Muſes, contentez-vous de chercher à lui plaire,
Ne vantez point ici d'une voix téméraire
La douceur de ſes loix, les efforts de ſon bras,
      Themis, la Prudence, & Bellone
      Conduiſant ſon cœur & ſes pas,
La bonté géréreuſe aſſiſe ſur ſon Trône;
Le Rhin libre par lui, l'Eſcaut épouvanté,
Les Appennins fumants que ſa foudre environne
Laiſſons ces entretiens à la poſtérité.
Ces leçons à ſon fils, cet exemple à la terre.
Vous graverez ailleurs dans les faſtes des tems,
      Tous ces terribles monuments,
      Dreſſez par les mains de la guerre.
Celebrez aujourd'hui l'Himen de ſes enfans,
Déployez l'appareil de vos jeux innocents.
L'objet qu'on déſiroit, qu'on admire, & qu'on aime,
Jette déja ſur vous des regards bienfaiſants,
On eſt heureux ſans vous; mais le bonheur ſupiême
      Veut encor des amuſements.

Cueillez toutes les fleurs, & parez-en vos têtes;
Melez tous les plaiſirs, uniſſez tous les jeux,
Souffrez le plaiſant même; il faut de tout aux Fêtes,
Et toujours les Héros ne ſont pas ſérieux.
Enchantez un loiſir, helas! trop peu durable.
Ce peuple de Guerriers qui ne paroît qu'aimable,
Vous écoute un moment, & revole aux dangers.

Leur maître en tous les tems veille fur la patrie.
Les foins font éternels , ils confument la vie ,
          Les plaifirs font trop paffagers.
Il n'en eft pas ainfi de la vertu folide ,
Cet Himen l'éternife , il affure à jamais
A cette race augufte , à ce peuple intrépide
          Des victoires & des bienfaits.

Mufes que votre zele à mes ordres réponde.
Le cœur plein des beautez dont cette Cour abonde ,
Et que ce jour illuftre affemble autour de moi ;
Je vais voler au Ciel , à la fource féconde
          De tous les charmes que je voi ,
          Je vais , ainfi que votre Roi
Recommencer mon cours pour le bonheur du monde

LA PRINCESSE

LA PRINCESSE
DE
NAVARRE.
COMÉDIE - BALLET.

ACTE PREMIER.
SCENE PREMIERE.

CONSTANCE, LEONOR.

LEONOR.

H quel voyage, & quel séjour,
Pour l'héritiére de Navarre !
Votre tuteur Dom Pedre est un tiran barbare,
Il vous force à fuir de sa Cour.
Du fameux Duc de Foix vous craignez la tendresse,
Vous fuyez la haine & l'amour ;

A

Vous courez la nuit & le jour,
Sans Page & sans Dame d'atour,
Quel état pour une Princesse ?
Vous vous exposez tour à tour
A des dangers de toute espéce.

CONSTANCE.

J'espere que demain, ces dangers, ces malheurs,
De la guerre civile effet inévitable,
Seront au moins suivis d'un ennui tolérable ;
Et je pourrai cacher mes pleurs,
Dans un asile inviolable.
O sort à quels chagrins me veux-tu reserver !
De tous côtez infortunée,
Dom Pedre aux fers m'avoit abandonnée,
Gaston de Foix veut m'enlever.

LEONOR.

Je suis de vos malheurs comme vous occupée ;
Malgré mon humeur gaie ils troublent ma raison ;
Mais un enlevement, ou je suis fort trompée,
Vaut un peu mieux qu'une prison.
Contre Gaston de Foix quel courroux vous anime ?
Il veut finir votre malheur,
Il voit ainsi que nous Dom Pedre avec horreur.
Un Roy cruel qui vous oprime,
Doit vous faire aimer un vangeur.

CONSTANCE.

Je hais Gaston de Foix autant que le Roy même.

LEONOR.

Eh pourquoi ? parce qu'il vous aime ?

CONSTANCE.

Lui m'aimer ? nos parens se sont toujours hais.

LEONOR.

Belle raison !

CONSTANCE.

Son pere accabla ma famille ;

LEONOR.

Le fils est moins cruel, Madame, avec la fille,
Et vous n'êtes point faits pour vivre en ennemis.

CONSTANCE.

De tout tems la haine sépare
Le sang de Foix, & le sang de Navarre.

LEONOR.

Mais l'amour est utile aux racommodemens :
Enfin dans vos raisons je n'entre qu'avec peine,
Et je ne crois point que la haine
Produise les enlevemens.
Mais ce beau Duc de Foix que votre cœur détesce,
L'avez-vous vû, Madame ?

CONSTANCE.

Au moins mon sort funeste,
A mes yeux indignez n'a point voulu l'offrir.

A ij

Quelque hazard aux fiens m'a pu faire paraître.

LEONOR.

Vous m'avouerez qu'il faut connaître
Du moins avant que de hair.

CONSTANCE.

J'ai juré, Leonor, au tombeau de mon pere,
De ne jamais m'unir à ce fang que je hais.

LEONOR.

Serment d'aimer toujours, ou de n'aimer jamais,
Me paraît un peu téméraire.
Enfin, de peur des Rois & des Amants, hélas !
Vous allez dans un cloître enfermer tant d'apas.

CONSTANCE.

Je vais dans un couvent tranquille,
Loin de Gafton, loin des combats
Cette nuit trouver un azile.

LEONOR.

Ah ! c'étoit à Burgos, dans votre apartement,
Qu'étoit en effet le couvent.
Loin des hommes renfermée,
Vous n'avez pas vû feulement
Ce jeune & redoutable Amant
Qui vous avoit tant alarmée.
Grace aux troubles affreux dont nos états font pleins,
Au moins dans ce chateau nous voyons des humains.

Le Maître du logis, ce Baron qui vous prie
A dîner malgré vous, faute d'hôtellerie,
Est un Baron absurde ayant assez de bien,
Grossiérement galant avec peu de scrupule ;
    Mais un homme ridicule
    Vaut peut être encor mieux que rien.

CONSTANCE.

Souvent dans le loisir d'une heureuse fortune,
Le ridicule amuse, on se prête à ses traits,
    Mais il fatigue, il importune
Les cœurs infortunez & les esprits bienfaits.

LEONOR.

Mais un esprit bienfait, peut remarquer, je pense,
Ce noble Cavalier si prompt à vous servir,
Qu'avec tant de respects, de soin, de complaisance,
Au devant de vos pas nous avons vû venir.

CONSTANCE.

Vous le nommez ?

LEONOR.

    Je crois qu'il se nomme Alamir.

CONSTANCE.

Alamir ? il paroît d'une toute autre espéce
Que Monsieur le Baron.

LEONOR.

    Oui plus de politesse,

Plus de monde, de grace,

CONSTANCE.

Il porte dans son air
Je ne sçai quoi de grand.

LEONOR.

Oui.

CONSTANCE.

De noble.

LEONOR.

Oui.

CONSTANCE.

De fier.

LEONOR.

Oui. J'ai cru même y voir je ne sçai quoi de tendre.

CONSTANCE.

Oh point. Dans tous les soins qu'il s'empresse à nous rendre
Son respect est si retenu !

LEONOR.

Son respect est si grand qu'en vérité j'ai cru
Qu'il a deviné votre Altesse.

CONSTANCE.

Les voici ; mais surtout point d'Altesse en ces lieux ;
Dans mes destins injurieux
Je conserve le cœur, non le rang de Princesse.
Garde de découvrir mon secret à leurs yeux :

Modere ta gaieté déplacée, imprudente,
Ne me parle point en suivante.
Dans le plus secret entretien,
Il faut t'accoûtumer à passer pour ma tante.

LEONOR.

Oui j'aurai cet honneur, je m'en souviens très-bien.

CONSTANCE.

Point de respect, je te l'ordonne.

SCENE SECONDE.

DOM MORILLO, & LE DUC DE FOIX
en jeune Officier, *d'un côté du Théâtre.*

De l'autre, CONSTANCE & LEONOR.

MORILLO *au* DUC DE FOIX, *qu'il prend*
toujours pour ALAMIR.

OH, oh, qu'est-ce donc que j'entens ?
La tante est tutoyée ? Ah, ma foi, je soupçonne
Que cette tante là n'est pas de ses parents.
Alamir, mon ami, je crois que la friponne
     Ayant sur moi du dessein,
     Pour rencherir sa personne,
     Prit cette tante en chemin.

LE DUC DE FOIX.

Non, je ne le crois pas ; elle paroît bien née.
La vertu, la nobleſſe éclate en ſes regards,
De nos troubles civils, les funeſtes hazards,
Près de votre chateau l'ont ſans doute amenée.

MORILLO.

Parbleu, dans mon château, je prétens la garder ;
En bon parent tu dois m'aider.
C'eſt une bonne aubaine, & des nièces pareilles
Se trouvent rarement, & m'iroient à merveilles.

LE DUC DE FOIX.

Gardez de les laiſſer échaper de vos mains.

LEONOR A LA PRINCESSE.

On parle ici de vous, & l'on a des deſſeins.

MORILLO.

Je réponds de leurs complaiſances,

Il s'avance vers la PRINCESSE DE NAVARRE.

Madame, jamais mon chateau,

AU DUC DE FOIX,

Aide-moi donc un peu.

LE DUC DE FOIX, *bas.*

Ne vit rien de ſi beau.

MORILLO.

Ne vit rien de ſi beau.... Je ſens en ſa préſence
Un embaras tout nouveau ;

Que veut dire cela? Je n'ai plus d'affurance.

LE DUC DE FOIX.

Son afpect en impofe, & fe fait refpecter ;

MORILLO.

A peine elle daigne écouter.
Ce maintien refervé glace mon éloquence.
Elle jette fur nous un régard bien altier !
Quels grands airs ! Allons donc, fers-moi de chancelier,
Explique-lui le refte, & touche un peu fon ame.

LE DUC DE FOIX.

Ah ! que je le voudrois ! … Madame,
Tout reconnoît ici vos fouveraines loix,
Le ciel, fans doute, vous a faite
Pour en donner aux plus grands Rois.
Mais du fein des grandeurs, on aime quelquefois,
A fe cacher dans la retraite.
On dit que les Dieux autrefois,
Dans de fimples hameaux fe plaifoient à paroître,
On put fouvent les méconnoître,
On ne peut fe méprendre aux charmes que je vois.

MORILLO.

Quels difcours empoulez, quel diable de langage !
Es-tu fou?

LE DUC DE FOIX.

Je crains bien de n'être pas trop fage :

A LEONOR.

Vous qui femblez la fœur de cet objet divin,

De nos empreſſements daignez être attendrie,
Accordez un ſeul jour, ne partez que demain ;
Ce jour le plus heureux, le plus beau de ma vie,
Du reſte de nos jours va regler le deſtin.

A MORILLO.

Je parle ici pour vous.

MORILLO.

Eh bien, que dit la tante ?

LEONOR.

Je ne vous cache point que cette offre me tente,
Mais, Madame, ma niéce.

MORILLO A LEONOR.

Oh, c'eſt trop de raiſon,

A la fin, je ſerai le maître en ma maiſon.
Ma tante, il faut ſouper alors que l'on voyage ;
Petites façons & grands airs,
A mon avis, ſont des travers.
Humaniſez un peu cette niéce ſauvage,
Plus d'une Reine en mon chateau,
A couché dans la route, & l'a trouvé fort beau.

CONSTANCE.

Ces Reines voyageoient en des tēms plus paiſibles,
Et vous ſçavez quel trouble agite ces etats !
A tous vos ſoins polis nos cœurs ſeront ſenſibles ;
Mais nous partons, daignez ne nous arrêter pas.

MORILLO.

La petite obſtinée ! Où courez-vous ſi vîte ?

CONSTANCE.

Au couvent.

MORILLO.

Quelle idée, & quels tristes projets?
Pourquoi préférez-vous un aussi vilain gîte?
Qu'y pouriez-vous trouver?

CONSTANCE.

La paix.

LE DUC DE FOIX.

Que cette paix est loin de ce cœur qui soûpire?

MORILLO.

Eh bien, espéres-tu de pouvoir la réduire?

LE DUC DE FOIX.

Je vous promets du moins d'y mettre tout mon art.

MORILLO.

J'employerai tout le mien.

LEONOR.

Souffrez qu'on se retire,
Il faut ordonner tout pour ce prochain départ.
Elles font un pas vers la porte.

LE DUC DE FOIX.

Le respect nous défend d'insister davantage,
Vous obéir en tout est le premier devoir.
Ils font une révérence.
Mais quand on cesse de vous voir,
En perdant vos beaux yeux, on garde votre image.

SCENE TROISIE'ME.

LE DUC DE FOIX, DOM MORILLO.

MORILLO.

ON ne partira point, & j'y suis résolu.

LE DUC DE FOIX.

Le sang m'unit à vous, & c'est une vertu
D'aider dans leurs desseins des parents qu'on révere.

MORILLO.

La niéce est mon vrai fait, quoiqu'un peu froide, & fiere.
   La tante sera ton affaire
Que me conseilles-tu ?

LE DUC DE FOIX.

     D'être aimable, de plaire.

MORILLO.

Fais moi plaire.

LE DUC DE FOIX.

   Il y faut mille soins complaisants,
Les plus profonds respects, des fêtes & du tems.

MORILLO.

J'ai très-peu de respect, le tems est long ; les fêtes
Coûtent beaucoup, & ne sont jamais prêtes;
C'est de l'argent perdu.

LE DUC DE FOIX.

   L'argent fut inventé

Pour payer , si l'on peut, l'agréable & l'utile ,
Eh jamais le plaisir , fut-il trop acheté ?

MORILLO.

Comment t'y prendras-tu ?

LE DUC DE FOIX.

La chose est très facile.

Laissez- moi partager les frais ,

Il vient de venir ici près

Quelques Comédiens de France ,

Des Troubadours experts dans la haute science ,

Dans le premier des arts , le grand art du plaisir :

Ils ne sont pas dignes peut-être ,

Des adorables yeux qui les verront paraître ;

Mais ils sçavent beaucoup, s'ils sçavent réjouir.

MORILLO.

Réjouissons-nous donc.

LE DUC DE FOIX.

Oui , mais avec mystere.

MORILLO.

Avec mystere , avec fracas ,

Sers-moi tout comme tu voudras,

Je trouve tout fort bon quand j'ai l'amour en tête.

Prépare ta petite fête.

De mes menus plaisirs je te fais l'Intendant.

Je veux subjuguer la friponne

Avec son air important ,

Et je vais pour danser ajuster ma personne.

SCENE QUATRIE'ME.

LE DUC DE FOIX, HERNAND.

LE DUC DE FOIX.

Hernand tout eſt-il prêt ?

HERNAND.

Pouvez-vous en douter ?
Quand Monſeigneur ordonne, on ſçait exécuter.
Par mes ſoins ſecrets tout s'aprête ,
Pour amollir ce cœur & ſi fier & ſi grand.
Mais j'ai grand peur que votre fête
Réuſſiſſe auſſi mal que votre enlevement.

LE DUC DE FOIX.

Ah ! c'eſt-là ce qui fait la douleur qui me preſſe ;
Je pleure ces tranſports d'une aveugle jeuneſſe ,
Et je veux expier le crime d'un moment
Par une éternelle tendreſſe.
Tout me réuſſira ; car j'aime à la fureur.

HERNAND.

Mais en déguiſements vous avez du malheur :
Chez Dom Pedre en ſecret j'eus l'honneur de vous ſuivre
En qualité de Conjuré ,
Vous fûtes reconnu , tout prêt d'être livré ,
Et nous ſommes heureux de vivre ;
Vos affaires ici ne tournent pas trop bien ,

Et je crains tout pour vous.

LE DUC DE FOIX.

J'aime & je ne crains rien ;
Mon projet avorté , quoique plein de justice ,
Dut sans doute être malheureux ,
Je ne méritois pas un destin plus propice ,
Mon cœur n'étoit point amoureux.
Je voulois d'un Tyran punir la violence ,
Je voulois enlever Constance ,
Pour unir nos maisons, nos noms & nos amis ;
La seule ambition fut d'abord mon partage.
Belle Constance je vous vis ,
L'amour seul arme mon courage.

HERNAND.

Elle ne vous vit point , c'est-là votre malheur.
Vos grands projets lui firent peur ,
Et dès qu'elle en fut informée ,
Sa fureur contre vous dès long-tems allumée ,
En avertit toute la Cour.
Il fallut fuir alors :

LE DUC DE FOIX.

Elle fuit à son tour.
Nos communs ennemis la rendront plus traitable ,

HERNAND.

Elle hait votre sang.

LE DUC DE FOIX.

Quelle haine indomptable

Peut tenir contre tant d'amour?

HERNAND.

Pour un Heros tout jeune & sans expérience ,
Vous embraffez beaucoup de terrain à la fois :
Vous voudriez finir la méfintelligence
     Du fang de Navarre & de Foix ;
Vous avez en fecret avec le Roi de France ,
     Un chiffre de correfpondance.
Contre un Roi formidable ici vous confpirez ,
Vos troupes vers ces lieux vont venir à la file ;
Vous bernez le Seigneur qui vous donne un azile ;
Sa fille pour combler vos finguliers deftins ,
Devient folle de vous , & vous tient en contrainte ;
Il vous faut employer & l'audace & la feinte ;
Témeraire en amour & criminel d'état ,
Perdant votre raifon , vous rifquez votre tête.
     Vous êtes prêt à livrer un combat ,
     Et vous préparez une fête ?

LE DUC DE FOIX.

Mon cœur de tant d'objets n'en voit qu'un feul ici.
Je ne vois , je n'entens que la belle Conftance.
Si par mes tendres foins fon cœur eft adouci ,
     Tout le refte eft en affurance.
Dom Pedre périra , Dom Pedre eft trop haï ,
Le fameux Duguefclin , vers l'Efpagne s'avance ,
     Le fier Anglais notre ennemi ,
D'un tiran détefté prend envain la défenfe :

Par

Par le bras des Français les Rois font protégez,
Des tirans de l'Europe ils domptent la puiſſance ;
Le fort des Caſtillans fera d'être vengez
     Par le courage de la France.

HERNAND.

     Et cependant en ce féjour
Vous ne connoiſſez rien qu'un charmant eſclavage

LE DUC DE FOIX.

Va ; tu verras bientôt ce que peut un courage,
     Qui fert la patrie & l'amour.
     Ici tout ce qui m'inquiéte,
C'eſt cette paſſion dont m'honore Sanchette ,
     La fille de notre Baron.

HERNAND.

C'eſt une fille neuve, innocente, indiſcrete ,
     Bonne par inclination ,
     Simple par éducation ,
     Et par inſtinct un peu coquete ,
C'eſt la pure nature en ſa ſimplicité.

LE DUC DE FOIX.

Sa ſimplicité même eſt fort embarraſſante ,
Et peut nuire aux projets de mon cœur agité ;
J'étois loin d'en vouloir à cette ame innocente,
J'apprens que la Princeſſe arrive en ce canton.
Je me rens fur la route , & me donne au Baron
Pour un fils d'Alamir , parent de la maiſon.

                   B

En amour comme en guerre une ruse est permise.
J'arrive, & sur un compliment,
Moitié poli, moitié galant,
Que partout l'usage autorise,
Sanchette prend feu promptement,
Et son cœur tout neuf s'humanise :
Elle me prend pour son amant,
Se flatte d'un engagement,
M'aime, & le dit avec franchise :
Je crains plus sa naïveté,
Que d'une femme bien aprise,
Je ne craindrois la fausseté.

HERNAND.

Elle vous cherche,

LE DUC DE FOIX.

Je te laisse :
Tâche de dérouter sa curiosité,
Je vole aux pieds de la Princesse.

SCENE CINQUIE'ME.

SANCHETTE, HERNAND.

SANCHETTE.

JE suis au désespoir.

HERNAND,

Qu'est - ce qui vous déplaît

Mademoiselle ?
SANCHETTE.

Votre Maître.
HERNAND,

Vous déplaît-il beaucoup ?

SANCHETTE.

Beaucoup ; car c'est un traître,
Ou du moins il est prêt de l'être,
Il ne prend plus à moi nul intérêt,
Avant hier il vint, & je fus transportée
De son séduisant entretien ;
Hier il m'a beaucoup flattée,
A présent il ne me dit rien.
Il court, ou je me trompe, après cette étrangere :
Moi je cours après lui, tous mes pas son perdus,
Et depuis qu'elle est chez mon pere,
Il semble que je n'y sois plus.
Quelle est donc cette femme, & si belle & si fiere
Pour qui l'on fait tant de façons ?
On va pour elle encor donner les violons,
Et c'est ce qui me désespere.

HERNAND.

Elle va tout gâter..... Mademoiselle, eh bien
Si vous me promettiez de n'en témoigner rien,
D'être discrete.
SANCHETTE.
Oh oui, je jure de me taire
B ij

Pourvû que vous parliez.

HERNAND.

Le secret, le mystere
Rend les plaisirs piquants,

SANCHETTE.

Je ne vois pas pourquoi ;

HERNAND.

Mon Maître né galant, dont vous tournez la tête,
Sans vous en avertir, vous prépare une fête.

SANCHETTE.

Quoi tous ces violons !

HERNAND.

Sont tous pour vous ;

SANCHETTE.

Pour moi !

HERNAND.

N'en faites point semblant, gardez un beau silence,
Vous verrez vingt Français entrer dans un moment,
Ils sont parés superbement ;
Ils parlent en chansons, ils marchent en cadence,
Et la joye est leur élement.

SANCHETTE.

Vingt beaux Messieurs Français ! j'en ai l'ame ravie ;
J'eus de voir des Français toujours très-grande envie,

Entreront-ils bientôt?

HERNAND.

Ils font dans le Château.

SANCHETTE.

L'aimable nation, que de galanterie !

HERNAND.

On vous donne un spectacle, un plaisir tout nouveau.
Ce que font les Français est si brillant, si beau !

SANCHETTE.

Eh qu'est-ce qu'un spectacle !

HERNAND.

Une chose charmante.
Quelquefois un spectacle est un mouvant tableau
Où la nature agit, où l'histoire est parlante,
Où les Rois, les Héros sortent de leur tombeau,
Des mœurs des nations, c'est l'image vivante.

SANCHETTE.

Je ne vous entens point.

HERNAND.

Un spectacle assez beau
Seroit encore une fête galante,
C'est un art tout français d'expliquer ses désirs,
Par l'organe des jeux, par la voix des plaisirs ;
Un spectacle est sur-tout un amoureux mystere.

B iij

Pour courtiser Sanchette & tâcher de lui plaire ,
    Avant d'aller tout uniment ,
    Parler au Baron votre pere ,
    De Notaire , d'engagement,
    De fiançaille & de douaire ,

SANCHETTE.

Ah ! je vous entens bien ; mais moi , que dois-je faire ?

HERNAND.

Rien.

SANCHETTE.

Comment , rien du tout ?

HERNAND.

            Le goût , la dignité
    Consistent dans la gravité ,
Dans l'art d'écouter tout finement sans rien dire ,
D'aprouver d'un regard , d'un geste, d'un sourire.
    Le feu dont mon Maître soupire ,
Sous des noms empruntez , devant vous paraîtra.
    Et l'adorable Sanchette ,
    Toujours tendre , toujours discrete ,
    En silence triomphera.

SANCHETTE.

    Je comprens fort peu tout cela ;
Mais je vous avouerai que je suis enchantée
De voir de beaux Français , & d'en être fêtée.

SCENE SIXIE'ME.

SANCHETTE *&* HERNAND, *font fur le devant ,* LA PRINCESSE DE NAVARRE *arrive par un des côtés du fond fur le Théâtre , entre* Dom MORILLO *&* LE DUC DE FOIX, *Suite.*

LEONOR a Morillo.

OUI, Monfieur, nous allons partir.

LE DUC DE FOIX *à part.*

Amour daigne éloigner un départ qui me tuë.

SANCHETTE a Hernand.

On ne commence point. Je ne peux me tenir ,
Quand aurai-je une fête aux yeux de l'inconnuë ?
Je la verrai jaloufe , & c'eft un grand plaifir.

CONSTANCE *voulant paffer par une porte, elle s'ouvre, & paroît remplie de Guerriers.*

Que vois-je, oh ciel , fuis-je trahie ?
Ce paffage eft rempli de Guerriers menaçants !
Quoi Dom Pedre en ces lieux étend fa tirannie ?

LEONOR.

La frayeur trouble tous mes fens ,

B iiij

LES GUERRIERS *entrent fur la Scene précédez de trompettes, & tous les Acteurs de la Comédie fe rangent d'un côté du Théâtre.*

UN GUERRIER CHANTANT. (*a*)

Jeune beauté ceffez de vous plaindre,

Baniffez vos terreurs,

C'eft vous qu'il faut craindre,

Baniffez vos terreurs,

C'eft vous qu'il faut craindre,

Regnez fur nos cœurs.

LE CHŒUR *repéte.*

Jeune beauté ceffez de vous plaindre , &c.

Marche de Guerriers danfans. (*b*)

UN GUERRIER. (*c*)

Lorfque Venus vient embellir la terre ,

C'eft dans nos champs qu'elle établit fa cour.

Le terrible Dieu de la guerre ,

(*a*) Le fieur JELIOTTE.

(*b*) Le fieur JAVILLIERS *l'ainé.*

Les fieurs MONSERVIN , DUMAY, PITRO , JAVILLIERS *cadet,* LA FEUILLADE , GHERARDY , DANCEVILLE , F. DUMOULIN.

(*c*) Le fieur JELIOTTE.

Defarmé dans fes bras fourit au tendre Amour.

Toujours la beauté difpofe,

Des invincibles Guerriers,

Et le charmant Amour eft fur un lit de rofe

A l'ombre des lauriers.

LE CHŒUR.

Jeune beauté ceffez de vous plaindre, &c.

On Danfe.

UN GUERRIER. (*d*)

Si quelque tiran vous oprime,

Il va tomber la victime

De l'Amour & de la valeur,

Il va tomber fous le glaive vengeur.

UN GUERRIER. (*e*)

A votre préfence

Tout doit s'enflamer,

Pour votre défenfe

Tout doit s'armer,

L'Amour, la vengeance

Doit nous animer.

(*d*) Le fieur LE PAGE.

(*e*) Le fieur JELIOTTE.

LE CHŒUR *repéte.*

A votre préfence
Tout doit s'enflamer, &c.

On Danfe.

CONSTANCE A LEONOR,

Je l'avouerai, ce divertiffement
Me plaît, m'allarme davantage;
On diroit qu'ils ont fçu l'objet de mon voyage,
Ciel! avec mon état quel raport étonnant!

LEONOR.

Bon, c'eft pure galanterie,
C'eft un air de chevalerie,
Que prend le vieux Baron pour faire l'important.

LA PRINCESSE *veut s'en aller,* LE CHŒUR *l'arrête
en chantant.*

LE CHŒUR.

Demeurez, préfidez à nos Fêtes,
Que nos cœurs foient ici vos conquêtes.

DEUX GUERRIERS. (*f*)

Tout l'univers doit vous rendre

(*f*) Les fieurs JELIOTTE & LE PAGE.

L'hommage qu'on rend aux Dieux,

Mais en quels lieux

Pouvez-vous attendre

Un hommage plus tendre,

Plus digne de vos yeux!

LE CHŒUR.

Demeurez, présidez à nos Fêtes,

Que nos cœurs soient vos tendres conquêtes.

Les Acteurs du Divertissement rentrent par le même portique.

Pendant que CONSTANCE *parle à* LEONOR, DOM MORILLO *qui est devant elles, leur fait des mines.*

Et SANCHETTE *qui est alors auprès du* DUC DE FOIX, *le tire à part sur le devant du Théatre.*

SANCHETTE AU DUC DE FOIX.

Ecoutez donc, mon cher Amant,
L'aubade qu'on me donne est étrangement faite,
Je n'ai pas pu danser. Pourquoi cette trompette?
Qu'est-ce qu'un Mars, Venus, des tirans, des combats,
Et pas un seul mot de Sanchette?
A cette Dame-ci, tout s'adresse en ces lieux.
Cette préférence me touche.

LE DUC DE FOIX.

Croyez-moi, taisons-nous, l'Amour respectueux

Doit avoir quelquefois son bandeau sur la bouche,
Bien plus encor que sur les yeux.

SANCHETTE.

Quel bandeau, quels respects! ils sont bien ennuyeux!

DOM MORILLO *s'avançant vers la* PRINCESSE.

Eh bien, que dites-vous de notre serenade?
La tante est-elle un peu contente de l'aubade?

LEONOR.

Et la tante & la niéce y trouvent mille apas.

LA PRINCESSE A LEONOR.

Qu'est-ce que tout ceci? Non, je ne comprends pas
Les contrarietez qui s'offrent à ma vûe,
Cette rusticité du Seigneur du chateau,
Et ce goût si noble, si beau,
D'une Fête si prompte & si bien entendue.

DOM MORILLO.

Eh bien donc; notre tante aprouve mon cadeau.

LEONOR.

Il me paroît brillant, fort heureux & nouveau.

DOM MORILLO.

La porte étoit gardée avec de beaux Gens-d'Armes;
Eh, eh, l'on n'est pas neuf dans le mêtier des armes.

CONSTANCE.

C'est magnifiquement recevoir nos adieux,

Toujours le souvenir m'en sera précieux.

MORILLO.

Je le crois. Vous pouriez voyager par le monde
Sans être festoyée, ainsi qu'on l'est ici :
    Soyez sage, demeurez-y ;
Cette Fête, ma foi, n'aura pas sa seconde,
Vous chommerez ailleurs. Quand je vous parle ainsi,
C'est pour votre seul bien ; car pour moi, je vous jure,
Que si vous décampez, de bon cœur je l'endure,
Et quand il vous plaira, vous pourrez nous quiter.

CONSTANCE.

De cette offre polie, il nous faut profiter,
Par cet autre côté, permettez que je sorte.

LEONOR.

On nous arrête encor à la seconde porte ?

CONSTANCE.

Que vois-je ; quels objets ! quels spectacles charmants !

LEONOR.

Ma niéce, c'est ici le pays des Romans.

Il sort de cette seconde porte une Troupe de DANSEURS
& de DANSEUSES *avec des tambours de basque &*
des tambourins. (g)

(g) Le Sr. MALTER, 3. Les Dlles DALMAND & LE BRETON *en Maures.*
Les Srs. HAMOCHE, LEVOIR; les Dlles PUVIGNÉ, THIERRI *en Maures.*
Les sieurs MATIGNON, DUPRÉ; Les Demoiselles COURCELLE,
SAINT-GERMAIN, *en Égyptiens.*

Après cette entrée, LEONOR *se trouve à côté de* MORILLO,
& lui dit :

Qui sont donc ces gens-ci ?

        MORILLO AU DUC DE FOIX.

                C'est à toi de leur dire,
Ce que je ne sçais point.

LE DUC DE FOIX A LA PRINCESSE DE NAVARRE.

            Ce sont des Gens sçavants,
    Qui, dans le Ciel tout courant sçavent lire.
Des Mages d'autrefois, illustres descendants,
A qui fut reservé le grand art de prédire.

*Les Astrologues Arabes qui étoient restez sous le portique
pendant la Danse, s'avancent sur le Théâtre, &
tous les Acteurs de la Comédie se rangent pour les
écouter.*

        UNE DEVINERESSE *chante.* (h)

Nous enchaînons le temps, le plaisir suit nos pas,
Nous portons dans les cœurs la flateuse espérance ;
        Nous leur donnons la jouissance
        Des biens même qu'ils n'ont pas ;
        Le présent fuit, il nous entraîne,
        Le passé n'est plus rien,

(h) La Demoiselle M E T Z.

Charme de l'avenir, vous êtes le feul bien

Qui refte à la foibleffe humaine.

Nous enchaînons le temps, &c.

On Danfe. (i)

UN ASTROLOGUE. (k)

L'aftre éclatant & doux de la fille de l'onde,

Qui devance ou qui fuit le jour,

Pour vous recommençoit fon tour.

Mars a voulu s'unir pour le bonheur du monde

A la planette de l'Amour.

Mais quand les faveurs celeftes

Sur nos jours précieux alloient fe raffembler ;

Des Dieux inhumains & funeftes

Se plaifent à les troubler.

UN ASTROLOGUE *(l) alternativement avec le Chœur.*

Dieux ennemis, Dieux impitoyables,

Soyez confondus,

Dieux fecourables ;

Tendre Venus

Soyez à jamais favorables.

(i) Le fieur MALTER 3. La Demoifelle LE BRETON.

(k) Le fieur DE CHASSE'.

(l) Le fieur LA TOUR.

CONSTANCE.

Ces aftrologues me paroiſſent
Plus inſtruits du paſſé que du ſombre avenir,
Dans mon ignorance ils me laiſſent
Comme moi ſur mes maux , ils ſemblent s'attendrir,
Ils forment comme moi des ſouhaits inutiles ,
Et des eſpérances ſtériles ,
Sans rien prévoir, & ſans rien prévenir.

LE DUC DE FOIX.

Peut-être ils prédiront ce que vous devez faire ;
Des ſecrets de nos cœurs ils percent le myſtere.

UNE DEVINERESSE s'approche de la PRINCESSE
& chante. (m)

Vous excitez la plus ſincere ardeur ,
Et vous ne ſentez que la haine ;
Pour punir votre ame inhumaine
Un ennemi doit toucher votre cœur :

Enſuite s'avançant vers SANCHETTE.

Et vous, jeune Beauté que l'amour veut conduire ;
L'amour doit vous inſtruire ,

(m) La Demoiſelle DE CAMARGO.

Suivez

Suivez ses douces loix ,

Votre cœur est né tendre :

Aimez , mais en faisant un choix ,

Gardez de vous méprendre.

SANCHETTE.

Ah l'on s'adresse à moi , la Fête étoit pour nous ,
J'attendois , j'éprouvois des transports si jaloux.

UN DEVIN & UNE DEVINERESSE *s'adressant à* SANCHETTE. (n)

En mariage

Un sort heureux ,

Est un rare avantage ,

Ses plus doux feux ,

Sont un long esclavage.

Du mariage

Formez les nœuds ;

Mais ils sont dangereux.

L'amour heureux

Est trop volage.

Du mariage

Craignez les nœuds ,

Ils sont trop dangereux.

____

(n) Le sieur DE CHASSE , & la Demoiselle DE CANAVASSE.

Ç

SANCHETTE au duc de foix.

Bon! quels dangers feroient à craindre en mariage ?
Moi, je n'en vois aucun; de bon cœur je m'engage,
    Nous nous aimons, tout ira bien.
Puifque nous nous aimons, nous ferons fort fideles;
Donnez-moi bien fouvent des fêtes auffi belles,
    Et je ne me plaindrai de rien.

LE DUC DE FOIX.

Helas! j'en donnerois tous les jours de ma vie;
    Et les fêtes font ma folie;
Mais je n'efpere point faire votre bonheur.

SANCHETTE.

Il eft déja tout fait, vous enchantez mon cœur.

On Danfe. (o)

Les Acteurs de la Comédie font rangés fur les aîles; SANCHETTE *veut danfer avec* LE DUC DE FOIX, *qui s'en défend,* MORILLO *prend* LA PRINCESSE DE NAVARRE, *& danfe avec elle.*

______

(o) La Demoifelle D ALMAND feule.
Le fieur MALTER ;. la Demoifelle Le BRETON.

GUILLOT *avec un garçon Jardinier vient inter-rompre la danse, dérange tout, prend* LE DUC DE FOIX *&* MORILLO *par la main, fait des signes en leur parlant bas & ayant fait cesser la musique, il dit au* DUC DE FOIX.

Oh! vous allez bientôt avoir une autre danse,
        Tout est perdu, comptez sur moi.

LE DUC DE FOIX A MORILLO.

Quelle étrange avanture! Un Alcade! Eh pourquoi,

MORILLO.

Il vient la demander par ordre exprès du Roi.

LE DUC DE FOIX.

De quel Roi?

MORILLO.

        De Dom Pedre.

LE DUC DE FOIX.

                Allez; le Roi de France
Vous défendra bientôt de cette violence.

LEONOR A LA PRINCESSE.

Il paroît que sur vous, roule la conférence.

MORILLO.

Bon; mais en attendant qu'allons-nous devenir?
Quand un Alcade parle, il faut bien obéir.
                        C ij

LE DUC DE FOIX.

Obéir, moi ?

MORILLO.

Sans doute, & que peux-tu prétendre ?

LE DUC DE FOIX.

Nous battre contre tous, contre tous la défendre.

MORILLO.

Qui toi te révolter contre un ordre précis
Emané du Roi même ? es-tu de sang rassis ?

LE DUC DE FOIX.

Le premier des devoirs est de servir les belles,
Et les Rois ne vont qu'après elles.

MORILLO.

Ce petit parent-là m'a l'air d'un franc vaurien :
Tu feras ..... Mais ma foi je ne m'en mêle en rien.
Rebelle à la justice ? allons rentrez Sanchette,
Plus de fête.

MORILLO *pousse* SANCHETTE *dans la maison,*
renvoye la musique & sort avec son monde.

SANCHETTE.

Eh quoi donc !

LEONOR.

D'où vient cette retraite,
Ce trouble, cet effroi, ce changement soudain ?

CONSTANCE.

Je crains de nouveaux coups de mon triste destin.

LE DUC DE FOIX.

Madame, il est affreux de causer vos allarmes,
Nos divertissements vont finir par des larmes,
Un cruel ......

CONSTANCE.

Ciel ! Qu'entens-je ? Eh quoi jusques en ces lieux,
Gaston poursuivroit-il ses projets odieux ?

LEONOR.

Qu'avez-vous dit ?

LE DUC DE FOIX.

Quel nom prononce votre bouche ?
Gaston de Foix, Madame, a-t-il un cœur farouche ?
Sur la foi de son nom, j'ose vous protester,
Qu'ainsi que moi, pour vous, il donneroit sa vie ;
Mais d'un autre ennemi, craignez la barbarie,
De la part de Dom Pedre on vient vous arrêter.

CONSTANCE.

M'arrêter ?

LE DUC DE FOIX.

Un Alcade avec impatience,
Jusqu'en ces lieux suivit vos pas.
Il doit venir vous prendre.

CONSTANCE.

Eh fur quelle apparence,
Sous quel nom, quel prétexte ?

LE DUC DE FOIX.

Il ne vous nomme pas.
Mais il a défigné vos gens, votre équipage ;
Tout envoyé qu'il eft d'un ennemi fauvage,
Il a furtout défigné vos apas.

LEONOR.

Ah, cachons-nous, Madame,

CONSTANCE.

Où ?

LEONOR.

Chez la Jardiniere,
Chez Guillot.

LE DUC DE FOIX.

Chez Guillot on viendra vous chercher,
La beauté ne peut fe cacher.

CONSTANCE.

Fuyons.

LE DUC DE FOIX.

Ne fuyez point.

LEONOR.

Reftons donc.

CONSTANCE.

> Ciel! que faire?

LE DUC DE FOIX.

Si vous reftez, fi vous fuyez,
Je mourrai partout à vos pieds.
Madame, je n'ai point la coupable imprudence,
D'ofer vous demander quelle eft votre naiffance;
Soyez Reine ou Bergere, il n'importe à mon cœur:
Et le fecret que vous m'en faites,
Du foin de vous fervir, n'affoiblit point l'ardeur;
Le trône eft partout où vous êtes;
Cachez, s'il fe peut, vos apas,
Je vais voir en ces lieux fi l'on peut vous furprendre;
Et je ne me cacherai pas,
Quand il faudra vous deffendre.

SCENE SEPTIE'ME.

CONSTANCE, LEONOR.

LEONOR.

Enfin, nous avons un apui,
Le brave Chevalier! nous viendroit-il de France?

CONSTANCE.

Il n'eft point d'Efpagnol plus généreux que lui.

LEONOR.

J'en efpére beaucoup, s'il prend votre deffenfe.

CONSTANCE.

Mais que peut-il feul aujourd'hui
Contre le danger qui me preffe ?
Le fort a fur ma tête épuifé tous fes coups.

LEONOR.

Je craindrois le fort en couroux,
Si vous n'êtiez qu'une Princeffe ;
Mais vous avez, Madame, un partage plus doux.
La nature elle-même a pris votre querelle.
Puifque vous êtes jeune & belle,
Le monde entier fera pour vous.

Fin du premier Acte.

ACTE SECOND.

SCENE PREMIERE.

SANCHETTE, GUILLOT *Jardinier.*

SANCHETTE.

ARRETE, parle-moi, Guillot.

GUILLOT.

Oh, Guillot est pressé.

SANCHETTE.

   Guillot demeure; un mot;
Que fait notre Alamir?

GUILLOT.

   Oh, rien n'est plus étrange.

SANCHETTE.

Mais que fait-il, dis-moi?

GUILLOT.

  Moi, je crois qu'il fait tout,

Liberal comme un Roy, jeune & beau comme un Ange.

SANCHETTE.

L'infidele me pousse à bout.
N'est-il pas au jardin avec cette étrangére ?

GUILLOT.

Eh vrayement oui !

SANCHETTE.

Qu'elle doit me déplaire !

GUILLOT.

Eh, mon Dieu, d'où vient ce couroux,
Vous devez l'aimer au contraire,
Car elle est belle comme vous.

SANCHETTE.

D'où vient qu'on a cessé sitôt la serenade ?

GUILLOT.

Je n'en sçais rien.

SANCHETTE.

Que veut dire un Alcade ?

GUILLOT.

Je n'en sçais rien.

SANCHETTE.

D'où vient que mon pere vouloir
M'enfermer sous la clef, d'où vient qu'il s'en alloit ?

GUILLOT.

Je n'en sçais rien.

SANCHETTE.

D'où vient qu'Alamir est près d'elle ?

GUILLOT.

Eh, je le sçais, c'est qu'elle est belle ;
Il lui parle à genoux, tout comme on parle au Roi,
C'est des respects, des soins, j'en suis tout hors de moi.
Vous en seriez charmée.

SANCHETTE.

Ah, Guillot, le perfide !

GUILLOT.

Adieu ; car on m'attend, on a besoin d'un guide,
Elle veut s'en aller.

Il sort.

SANCHETTE *seule.*

Puisse-t'elle partir,
Et me laisser mon Alamir ;
Oh, que je suis honteuse, & dépitée ?
Il m'aimoit en un jour ; en deux, suis-je quittée ?
Monsieur Hernand m'a dit que c'est là le bon ton.
Je n'en crois rien du tout. Alamir ! quel fripon !
S'il étoit sot & laid, il me feroit fidele,
Et ne pouvant trouver de conquête nouvelle,
Il m'aimeroit faute de mieux.
Comment faut-il faire à mon âge ?
J'ai des Amants constants, ils sont tous ennuyeux,
J'en trouve un seul aimable, & le traître est volage.

SCENE DEUXIE'ME.

SANCHETTE , L'ALCADE *& sa suite,*

L'ALCADE.

MEs amis, vous avez un important emploi;
Elle est dans ces jardins; ah, la voici, c'est elle,
Le portrait qu'on m'en fit me semble assez fidelle,
Voilà son air, sa taille, elle est jeune, elle est belle,
Remplissons les ordres du Roi.
Soyez prêts à me suivre & faites sentinelle.

UN LIEUTENANT DE L'ALCADE.

Nous vous obéirons; comptez sur notre zele.

SANCHETTE.

Ah, Messieurs, vous parlez de moi.

L'ALCADE.

Oui, Madame, à vos traits nous sçavons vous connaître,
Votre air nous dit assez ce que vous devez être;
Nous venons vous prier de venir avec nous,
La moitié de mes gens marchera devant vous,
L'autre moitié suivra, vous serez transportée
Sûrement & sans bruit, & partout respectée.

SANCHETTE.

Quel étrange propos! Me transporter! Qui moi?

Eh, qui donc êtes-vous?

L'ALCADE.

Des Officiers du Roi,
Vous l'offensez beaucoup d'habiter ces retraites;
Monsieur l'Amirante en secret,
Sans nous dire qui vous êtes,
Nous a fait votre portrait.

SANCHETTE.

Mon portrait dites-vous?

L'ALCADE.

Madame, trait pour trait.

SANCHETTE.

Mais je ne connois point ce Monsieur l'Amirante.

L'ALCADE.

Il fait pourtant de vous la peinture vivante.

SANCHETTE.

Mon portrait à la Cour a donc été porté?

L'ALCADE.

Apparemment.

SANCHETTE.

Voyez ce que fait la beauté?
Et de la part du Roi vous m'enlevez.

L'ALCADE.

Sans doute,

C'eſt notre ordre précis , il le faut quoi qu'il coûte.

SANCHETTE.

Où m'allez-vous mener ?

L'ALCADE.

A Burgos, à la Cour ;
Vous y ſérez demain avant la fin du jour.

SANCHETTE.

A la Cour! mais vraiment ce n'eſt pas me déplaire ;
La Cour, j'y conſens fort ; mais que dira mon pere ?

L'ALCADE.

Votre pere ? il dira tout ce qu'il lui plaira.

SANCHETTE.

Il doit être charmé de ce voyage-là !

L'ALCADE.

C'eſt un honneur très-grand qui ſans doute le flatte.

SANCHETTE.

On m'a dit que la Cour eſt un pays ſi beau !
Hélas ! hors ce jour-ci, la vie en ce chateau
Fut toujours ennuyeuſe & platte.

L'ALCADE.

Il faut que dans la Cour votre perſonne éclatte.

SANCHETTE.

Eh, qu'eſt-ce qu'on y fait ?

L'ALCADE.

Mais, du bien & du mal,
On y vit d'espérance, on tâche de paraître,
Près des belles toujours on a quelque rival,
On en a cent auprès du maître.

SANCHETTE.

Eh, quand je serai-là, je verrai donc le Roi?

L'ALCADE

C'est lui qui veut vous voir.

SANCHETTE.

Ah, quel plaisir pour moi!
Ne me trompez-vous point? eh, quoi le Roi souhaitte
Que je vive à sa Cour? il veut avoir Sanchette?
Hélas! de tout mon cœur, il m'enleve; partons,
Est-il comme Alamir? quelle sont ses façons?
Comment en use-t-il, Messieurs, avec les belles?

L'ALCADE.

Il ne m'apartient pas d'en sçavoir des nouvelles,
A ses ordres sacrez, je ne sçais qu'obéir.

SANCHETTE.

Vous emmenez sans doute à la Cour Alamir?

L'ALCADE.

Comment? quel Alamir?

SANCHETTE.

L'homme le plus aimable,
Le plus fait pour la Cour, brave, jeune, adorable.

L'ALCADE.

Si c'eſt un Gentilhomme à vous,
Sans doute, il peut vénir, vous êtes la maîtreſſe.

SANCHETTE.

Un Gentilhomme à moi, plût à Dieu!

L'ALCADE.

Le temps preſſe,
La nuit vient, les chemins ne ſont pas ſûrs pour nous.
Partons.

SANCHETTE.

Ah, volontiers.

SCENE TROISIE'ME.

MORILLO, SANCHETTE, L'ALCADE, *Suite.*

MORILLO.

Messieurs, êtes-vous fous?
Arrêtez donc, qu'allez-vous faire?
Où menez-vous ma fille?

SANCHETTE.

SANCHETTE.

A la Cour, mon cher pere.

MORILLO.

Elle est folle ; arrêtez, c'est ma fille.

L'ALCADE.

Comment ?

Ce n'est pas cette Dame, à qui je ....

MORILLO.

Non vraiment,
C'est ma fille, & je suis Dom Morillo son pere ;
Jamais on ne l'enlevera.

SANCHETTE.

Quoi, jamais !

MORILLO.

Emmenez, s'il le faut, l'étrangere ;
Mais ma fille me restera.

SANCHETTE.

Elle aura donc sur moi toujours la préférence ;
C'est elle qu'on enleve !

MORILLO.

Allez en diligence.

SANCHETTE.

L'heureuse créature ! on l'emmene à la Cour !

D

Hélas ! quand fera-ce mon tour ?

MORILLO.

Vous voyez que du Roi la volonté facrée,
Eft chez Dom Morillo comme il faut reverée,
Vous en rendrez compte.

L'ALCADE.

Oui, fiez-vous à nos foins.

SANCHETTE.

Meffieurs, ne prenez qu'elle au moins.

SCENE QUATRIE'ME.

MORILLO, SANCHETTE.

MORILLO.

JE fuis faifi de crainte, ah, l'affaire eft fâcheufe !

SANCHETTE.

Eh, qu'ai-je à craindre moi ?

MORILLO.

La chofe eft férieufe,
C'eft affaire d'Etat, vois-tu, que tout ceci.

SANCHETTE.

Comment d'Etat ?

MORILLO.

Eh, oui, j'aprends que près d'ici
Tous les Français font en campagne
Pour donner un Maître à l'Efpagne.

SANCHETTE.

Qu'eft-ce que cela fait?

MORILLO.

On dit qu'en ce canton,
Alamir eft leur efpion;
Cette Dame eft errante, & chez moi fe déguife,
Elle a tout l'air d'être comprife
Dans quelque confpiration;
Et fi tu veux que je le dife,
Tout cela fent la pendaifon.
J'ai fait une groffe fotife,
De faire entrer dans ma maifon
Cette Dame en ce tems de crife,
Et cet agréable fripon
Qui me joue, & qui la courtife:
Je veux qu'il parte tout de bon,
Et qu'ailleurs il s'impatronife.

SANCHETTE.

Lui, mon pere, ce beau garçon?

MORILLO.

Lui-même, il peut ailleurs donner la ferenade.

SCENE CINQUIE'ME.

MORILLO, SANCHETTE, GUILLOT.

GUILLOT *tout essouflé.*

AU secours, au secours, ah, quelle étrange aubade!

MORILLO.

Quoi donc ?

SANCHETTE.

Qu'a-t-il donc fait ?

GUILLOT.

Dans ces jardins là bas.

MORILLO.

Eh bien;

GUILLOT.

Cet Alamir, & ce Monsieur l'Alcade,
Les gens d'Alamir, des Soldats,
Ayant du fer partout, en tête, au dos, aux bras,
L'Etrangére enlevée au milieu des Gens-d'Armes,
Et le brave Alamir tout brillant sous les armes,
Qui la reprend soudain, & fait tomber à bas,
Tout alentour de lui, nez, mentons, jambes, bras;
Et la belle Etrangére en larmes,
Des chevaux renversez, & des maîtres dessous,
Et des valets dessus, des jambes fracassées;

Des vainqueurs, des fuyards, des cris, du sang, des coups,
Des lances à la fois, & des têtes cassées,
Et la tante, & ma femme, & ma fille, avec moi,
C'est horrible à penser, je suis tout mort d'effroi.

SANCHETTE,

Eh, n'est-il point blessé ?

GUILLOT.

C'est lui qui blesse & tue,
C'est un héros, un diable.

MORILLO.

Ah, quelle étrange issue !
Quel maudit Alamir ! quel enragé, quel fou !
S'attaquer à son maître, & hazarder son cou !
Et le mien, qui pis est ; ah, le maudit esclandre,
Qu'allons-nous devenir ? Le plus grand châtiment
Sera le digne fruit de cet emportement ;
Et moi bien sot aussi de vouloir entreprendre
De retenir chez moi cette fiere beauté ;
Voilà ce qu'il m'en a coûté.
Assemblons nos parens, allons chez votre mere,
Et tâchons d'assoupir cette effroyable affaire.

SANCHETTE *en s'en allant.*

Ah, Guillot, prends bien soin de ce jeune Officier,
Il a tort, en effet, mais il est bien aimable,
il est si brave !

SCENE SIXIE'ME.

GUILLOT *seul.*

AH, oui, c'eſt un homme admirable!
On ne peut mieux ſe battre, on ne peut mieux payer;
Que j'aime les héros, quand ils ſont de l'eſpéce
De cet amoureux Chevalier.
J'ai vû ça tout d'un coup. La Dame a ſa tendreſſe,
J'aime à voir un jeune guerrier,
Bien payer ſes amis, bien ſervir ſa Maîtreſſe,
C'eſt comme il faut me plaire.

SCENE SEPTIE'ME.

CONSTANCE, LEONOR, GUILLOT.

CONSTANCE.

OU me refugier?
Hélas! qu'eſt devenu ce guerrier intrepide,
Dont l'ame généreuſe & la valeur rapide,
Etalent tant d'exploits avec tant de vertu?
Comme il me deffendoit! comme il a combattu!
L'aurois-tu vû? réponds.

GUILLOT.

J'ai vû, je n'ai rien vû.
Je ne vois rien encor. Une semblable fête
Trouble terriblement les yeux.

LEONOR.

Eh, va donc t'informer,

GUILLOT.

Où, Madame ?

CONSTANCE.

En tous lieux.
Va, vole, réponds donc ; que fait-il ? cours, arrête,
Auroit-il succombé ! que ne puis-je à mon tour
Deffendre ce héros & lui sauver le jour ?

LEONOR.

Hélas ! plus que jamais, le danger est extrême,
Le nombre étoit trop grand.

GUILLOT.

Contre un, ils étoient dix.

LEONOR.

Peut-être qu'on vous cherche, & qu'Alamir est pris.

GUILLOT.

Qui, lui ? vous vous moquez ; il auroit pris lui-même
Tous les Alcades d'un pays,

Allez, croyez fans vous méprendre,
Qu'il fera mort cent fois avant que de fe rendre.

CONSTANCE.

Il feroit mort ?

LEONOR.

Va donc.

CONSTANCE.

Tâche de t'éclaircir.
Il fort.

Va vîte.... Il feroit mort !

LEONOR.

Je vous en vois frémir,
Eh, fur quoi jugez-vous qu'il ait perdu la vie ?

CONSTANCE.

S'il vivoit, Leonor, il feroit près de moi.
De l'honneur qui le guide, il connoît trop la loi,
Sa main pour me fervir par le Ciel refervée,
M'abandonneroit-elle après m'avoir fauvée ?
Non, je croi qu'en tout temps il feroit mon apui.
Puifqu'il ne paroît pas je dois trembler pour lui.

LEONOR.

Tremblez auffi pour vous, car tout vous eft contraire.
En vain par tout vous fçavez plaire,
Par tout on vous pourfuit, on menace vos jours,
Chacun craint ici pour fa tête.

Le Maître du chateau qui vous donne une fête,
N'ose vous donner du secours.
Alamir seul vous sert. Le reste vous oprime.

CONSTANCE.

Que devient Alamir, & quel sera son sort ?

LEONOR.

Songez au vôtre, hélas ! quel transport vous anime ?

CONSTANCE.

Leonor, ce n'est point un aveugle transport,
C'est un sentiment légitime.
Ce qu'il a fait pour moi.

SCENE HUITIE'ME.

CONSTANCE, LEONOR, ALAMIR.

ALAMIR.

J'A i fait ce que j'ai dû.
J'exécutois votre ordre, & vous avez vaincu.

CONSTANCE.

Vous n'êtes point blessé ?

ALAMIR.
Le Ciel, ce Ciel propice,

De votre caufe en tout feconda la juftice.
Puiffe un jour cette main par de plus heureux coups,
De tous vos ennemis vous faire un facrifice;
Mais un de vos regards doit les défarmer tous.

CONSTANCE.

Hélas ! du fort, encor je reffens le couroux,
De vous récompenfer il m'ôte la puiffance,
Je ne puis qu'admirer cet excès de vaillance.

ALAMIR.

Non, c'eft moi qui vous dois de la reconnoiffance.
Vos yeux me regardoient, je combattois pour vous,
Quelle plus belle récompenfe !

CONSTANCE.

Ce que j'entends, ce que je vois,
Votre fort & le mien, vos difcours, vos exploits,
Tout étonne mon ame ; elle en eft confonduë ;
Quel deftin nous raffemble, & par quel noble effort,
Par quelle grandeur d'ame en ces lieux peu connuë,
Pour ma feule défenfe affrontiez-vous la mort ?

LE DUC DE FOIX.

Eh n'eft-ce pas affez que de vous avoir vûë ?

CONSTANCE.

Quoi, vous ne connoiffiez ni mon nom, ni mon fort,
Ni mes malheurs, ni ma naiffance ?

LE DUC DE FOIX.

Tout cela dans mon cœur eût-il été plus fort
    Qu'un moment de votre préfence !

CONSTANCE.

Alamir, je vous dois ma jufte confiance,
    Après des fervices fi grands.
Je fuis fille des Rois & du fang de Navarre,
    Mon fort eft cruel & bizarre :
    Je fuyois ici deux tirans ;
Mais vous de qui le bras protége l'innocence,
    A votre tour daignez vous découvrir.

ALAMIR.

Le fort jufte une fois me fit pour vous fervir,
Et ce bonheur me tient lieu de naiffance :
    Quoi puis-je encor vous fecourir ?
Quels font ces deux tirans de qui la violence
    Vous perfécutoit à la fois ?
Dom Pedre eft le premier ? Je brave fa vengeance ;
Mais l'autre quel eft-il ?

CONSTANCE.

    L'autre eft le Duc de Foix.

LE DUC DE FOIX.

Ce Duc de Foix qu'on dit & fi jufte, & fi tendre !
    Eh que pourrai-je contre lui ?

CONSTANCE.

Alamir, contre tous vous ferez mon appui,
Il cherche à m'enlever,

LE DUC DE FOIX.

Il cherche à vous défendre,
On le dit, il le doit, & tout le prouve affez.

CONSTANCE.

Alamir ! Et c'eft vous ! C'eft vous qui l'excufez !

ALAMIR.

Non, je dois le haïr fi vous le haïffez.
Vous étant odieux, il doit l'être à lui-même ;
Mais comment condamner un mortel qui vous aime ?
On dit que la vertu l'a pû feule enflamer,
S'il eft ainfi, grand Dieu, comme il doit vous aimer !
On dit que devant vous il tremble de paraître,
Que fes jours aux remords font tous facrifiez ;
On dit qu'enfin fi vous le connaiffiez,
Vous lui pardonneriez peut-être.

CONSTANCE.

C'eft vous feul que je veux connaître,
Parlez-moi de vous feul, ne trompez plus mes vœux.

LE DUC DE FOIX.

Ah daignez épargner un Soldat malheureux,
Ce que je fuis dément ce que je peux paraître.

CONSTANCE.

Vous êtes un Héros, & vous le paraissez :

LE DUC DE FOIX.

Mon sang me fait rougir. Il me condamne assez.

CONSTANCE.

Si votre sang est d'une source obscure ,
Il est noble par vos vertus ,
Et des destins j'effacerai l'injure.
Si vous êtes sorti d'une source plus pure,
Je..... Mais vous êtes Prince , & je n'en doute plus ;
Je n'en veux que l'aveu, le reste me l'assure,
Parlez.

LE DUC DE FOIX.

J'obéis à vos loix ;
Je voudrois être Prince , alors que je vous vois
Je suis un Cavalier.

SCENE NEUVIE'ME.
CONSTANCE , LE DUC DE FOIX , LEONOR, SANCHETTE.

SANCHETTE.

Vous ? Vous êtes un traître ,
Vous n'échapperez pas , & je prétends connaître

Pour qui la Fête étoit, qui vous trompiez des deux.

LE DUC DE FOIX.

Je n'ai trompé perfonne, & fi je fais des vœux,
Ces vœux font trop cachez, & tremblent de paraître.
Ne jugez point de moi par ces frivoles jeux.
   Une Fête eft un hommage,
Que la galanterie, ou bien la vanité,
   Sans en prendre aucun avantage,
   Quelquefois donne à la beauté ;
Si j'aimois, fi j'ofois m'abandonner aux flammes
De cette paffion, vertu des grandes ames,
J'aimerois conftament fans efpoir de retour ;
   Je mêlerois dans le filence
Les plus profonds refpects au plus ardent amour,
J'aimerois un objet d'une illuftre naiffance.

SANCHETTE *à part.*

Mon pere eft bon Baron.

LE DUC DE FOIX.

   Un objet ingenu.

SANCHETTE.

Je la fuis fort.

LE DUC DE FOIX.

  Doux, fier, éclairé, retenu,
Qui joindroit fans effort, l'efprit & l'innocence.

SANCHETTE *à part.*

Est-ce moi?

LE DUC DE FOIX.

J'aimerois certain air de grandeur,
Qui produit le respect sans inspirer la crainte,
La beauté sans orgueil, la vertu sans contrainte,
L'Auguste Majesté sur le visage empreinte,
Sous les voiles de la douceur.

SANCHETTE.

De la Majesté! moi!

LE DUC DE FOIX.

Si j'écoutois mon cœur ;
Si j'aimois, j'aimerois avec délicatesse ;
Mais en brûlant avec transport :
Et je cacherois ma tendresse,
Comme je dois cacher mes malheurs & mon sort.

LEONOR.

Eh bien, connoissez-vous la personne qu'il aime?

CONSTANCE A LEONOR.

Je ne me connois pas moi-même,
Mon cœur est trop émû pour oser vous parler.

SCENE DIXIE'ME.

MORILLO *& les Perfonages précedents.*

MORILLO.

HELAS tout cela fait trembler :
Ta mere en va mourir, que deviendra ma fille ?
L'enfer eſt déchaîné, mon chateau, ma famille,
Mon bien, tout eſt pillé, tout eſt à l'abandon,
Le Duc de Foix a fait inveſtir ma Maiſon.

CONSTANCE.

Le Duc de Foix ? Qu'entends-je ? O Ciel ta tirannie,
Veut encor par ſes mains perſécuter ma vie !

MORILLO.

Bon ce n'eſt-là que la moindre partie
　　De ce qu'il nous faut eſſuyer.
Un certain du Gueſclin, brigand de ſon métier,
Turc de Religion, & Breton d'origine,
Avec ſes Spadaſſins, devers Burgos chemine,
Ce traître Duc de Foix, vient de s'aſſocier
　　Avec toute cette racaille,
Contre eux, tout près d'ici, le Roi va guerroyer,
　　Et nous allons avoir bataille.

CONSTANCE.

Ainſi donc à mon ſort je n'ai pû réſiſter;

Son

Son inévitable pourfuite
Dans le piege me précipite,
Par les mêmes chemins choifis pour l'éviter.
AU DUC DE FOIX.
Eh bien vous le voyez, il me pourfuit fans ceffe.

MORILLO.

C'eft bien moi qu'il pourfuit, fi vous le trouvez bon :
Seroit-ce donc pour vous que je fuis au pillage !
Eft-ce vous qui caufez tout ce maudit ravage ?
Quelle perfonne étrange êtes-vous, s'il vous plaît,
Pour que les Rois & les Princes
Prennent à vous tant d'intérêt,
Et qu'on coure après vous au fond de nos Provinces ?

CONSTANCE.

Je fuis infortunée, & c'eft affez pour vous,
Si vous avez un cœur.

SCENE ONZIE'ME.

Les Acteurs précedents. UN OFFICIER DU
DUC DE FOIX , *fuite.*

L'OFFICIER.

VOYEZ à vos genoux ,
Madame, un envoyé du Duc de Foix, mon Maître ,

De ſa part je mets en vos mains
Cette Place, où lui-même il n'oſeroit paraître :
En ſon nom je viens reconnaître,
Vos commandemens ſouverains.
Mes Soldats ſous vos loix vont avec allégreſſe,
Vous ſuivre, ou vous garder, ou ſortir de ces lieux ;
Et quand le Duc de Foix combat pour vos beaux yeux,
Nous répondons ici des jours de votre Alteſſe.

MORILLO.

Son Alteſſe ! Eh bon Dieu, quoi Madame eſt Princeſſe!

L'OFFICIER.

Princeſſe de Navarre, & ſuprême Maîtreſſe
De vos jours & des miens, & de votre maiſon.

CONSTANCE.

Je ſuis hors de moi-même.

MORILLO.

Ah, Madame, pardon.
Je me jette à vos pieds.

LEONOR.
Vous voilà reconnuë.

MORILLO.

De mes deſſeins coquets la ſinguliere iſſuë!

SANCHETTE.
Quoi, vous êtes Princeſſe & faite comme nous !

L'OFFICIER.

Nous attendons ici vos ordres à genoux.

CONSTANCE.

Je rends grace à vos foins ; mais ils font inutiles ;
Je ne crains rien dans ces aziles ;
Alamir eſt ici. Contre mes oppreſſeurs
Je n'aurai pas beſoin de nouveaux défenſeurs.

L'OFFICIER.

Alamir ! de ce nom je n'ai point connoiſſance ;
Mais je reſpecte en lui l'honneur de votre choix ;
S'il combat pour votre défenſe,
Nous ferons trop heureux de ſervir ſous ſes loix :
Je vous ramene auſſi vos Compagnes fidelles,
Vos premiers Officiers, vos Dames du Palais,
Echappez aux tyrans, ils nous ſuivent de près.

LEONOR.

Ah ! les agréables nouvelles.

CONSTANCE.

Ciel ! qu'eſt-ce que je vois ?

LES TROIS GRACES *& une troupe d'Amours & de
Plaiſirs paroiſſent ſur la Scene.*

LEONOR.

Les Graces, les Amours !
E ij

LE DUC DE FOIX.

Ainſi Gaſton de Foix veut vous ſervir toujours.

On Danſe (a).

SANCHETTE au Duc de Foix.

(Interrompant la danſe.)

Ce ſont donc là ſes domeſtiques ?
Que les Grands ſont heureux, & qu'ils ſont magnifiques!
Quoi de toute Princeſſe eſt-ce là la maiſon ?
Ah ! que j'en ſois je vous conjure :
Quel cortege ! quel train ?

LE DUC DE FOIX.

Ce cortege eſt un don
Qui vient des mains de la nature ;
Toute femme y prétend.

SANCHETTE.

Puis-je y prétendre auſſi ?

LE DUC DE FOIX.

Oui ſans doute, avec vous les Graces ſont ici :

(a) Le ſieur LAVAL, & la Demoiſelle PUVIGNE'.

Les ſieurs MALTER l'ainé, MALTER 3. F. DUMOULIN, MATIGNON,
HAMOCHE, LEVOIR, les Demoiſelles BEAUFORT, AUGUSTE,
SAINT-GERMAIN, COURCELLE, PUVIGNE' merc, THIERY.

Les Graces fuivent la jeuneffe ,
Et vous les partagez avec cette Princeffe.

SANCHETTE.

Il le faut avouer , on n'a point de parent
            Plus agréable & plus galant :
Venez que je vous parle ; expliquez-moi de grace
Ce qu'eft un Duc de Foix , & tout ce qui fe paffe :
Reftez auprès de moi , contez-moi tout cela ,
Et parlez-moi toujours , pendant qu'on danfera.

Elle s'affied auprès DU DUC DE FOIX.

On Danfe (*b*).

LES TROIS GRACES *chantent* (*c*).

La nature en vous formant ,

Près de vous nous fit naître ;

Loin de vos yeux nous ne pouvions paraître :

Nous vous fervons fidelement ,

Mais le charmant Amour eft notre premier maitre.

On danfe (*d*).

(*b*) Le fieur DUMOULIN, & la Demoifelle CAMARGO.

(*c*) Les Demoifelles FEL , COUPE'E , & GONDRE'E.

(*d*) La Demoifelle S A L E'.

UNE DES GRACES (*e*).

Vents furieux, triftes tempêtes,

Fuyez de nos climats,

Beaux jours levez-vous fur nos têtes ;

Fleurs naiffez fur nos pas.

On danfe (*f*).

Eco, voix errante,

Legere habitante,

De ce féjour,

Eco, fille de l'Amour,

Doux Roffignol, bois épais, onde pure,

Repétez avec moi ce que dit la nature,

Il faut aimer à fon tour.

On danfe (*g*).

UN PLAISIR (*h*).

Paroles fur un Menuet.

PREMIER COUPLET.

Non, le plus grand empire,

Ne peut remplir un cœur,

Charmant vainqueur,

(*e*) La Demoifelle FEL.
(*f*) Le fieur LAVAL, la Demoifelle PUVIGNE'.
(*g*) La Demoifelle SALE'.
(*h*) Le fieur JELIOTTE.

Dieu séducteur
C'est ton délire,
Qui fait le bonheur.

On danse (i).

(kn) UNE BERGERE.

J'aime, & je crains ma flâme.
Je crains le repentir.
Tendre desir,
Premier plaisir,
Dieu de mon ame,
Fais-moi moins gémir.

(l) UN BERGER.

Ah le refus, la feinte,
Ont des charmes puissants ;
Desirs naissants,
Combats charmants,
Tendre contrainte,
Tout sert les Amants.

On danse (m).

UN AMOUR (n) *alternativement avec le chœur.*

Divinité de cet heureux séjour,
Triomphe & fais grace,
Pardonne à l'audace,
Pardonne à l'amour.

On danse.

LE MESME AMOUR.

Toi seule es cause
De ce qu'il ose.

(i) Le sieur D. DUMOULIN, la Demoiselle CAMARGO.
(kn) La Demoiselle COUPE'E.
(l) Le sieur JELIOTTE
(m) La Demoiselle SALE'.

* E iij

Toi seule allumas ses feux.

Quel crime est plus pardonnable ?

C'est celui de tes beaux yeux,

En les voyant tout mortel est coupable.

LE CHŒUR.

Divinité de cet heureux séjour,

Triomphe & fais grace ,

Pardonne à l'audace ;

Pardonne à l'amour.

CONSTANCE.

On pardonne à l'amour, & non pas à l'audace.
Un téméraire Amant ennemi de ma race ,
Ne pourra m'appaiser jamais.

LE DUC DE FOIX.

Je connois son malheur , & sans doute il l'accable ;
Mais serez-vous toujours inéxorable ?

CONSTANCE.

Alamir, je vous le promets.

LE DUC DE FOIX.

On ne fuit point sa destinée :
Les Devins ont prédit à votre ame étonnée ,
Qu'un jour votre ennemi seroit votre vainqueur,

CONSTANCE.

Les Devins se trompoient, fiez-vous à mon cœur.

LE CHŒUR *chante.*

On diffère vainement ,

Le fort nous entraîne ,

L'amour nous amene

Au fatal moment.

Trompettes & Timbales.

CONSTANCE.

Mais d'où partent ces cris, ces fons, ce bruit de guerre ?

HERNAND *arrivant avec précipitation.*

On marche, & les Français précipitent leurs pas ,
Ils n'attendent perfonne.

LE DUC DE FOIX.

Ils ne m'attendront pas;
Et je vole avec eux.

CONSTANCE.

Les jeux & les combats
Tour à tour aujourd'hui partagent-ils la terre ?
Où fuyez-vous, où portez-vous vos pas ?

LE DUC DE FOIX.

Je fers fous les Français, & mon devoir m'apelle ,
Ils combattent pour vous ; jugez s'il m'eft permis
De refter un moment loin d'un peuple fidele ,
Qui vient vous délivrer de tous vos ennemis.
Il fort.

CONSTANCE A LEONOR.

Ah Léonor ! cachons un trouble fi funeſte.
La liberté des pleurs eſt tout ce qui me reſte.

Elles for_ent.

SANCHETTE.

Sans ce brave Alamir que devenir helas !

MORILLO.

Que d'avantures ! quel fracas !
Quels démons en un jour aſſemblent des Alcades ,
Des Alamir , des ſerenades ,
Dés Princeſſes & des combats !

SANCHETTE.

Vous allez donc auſſi ſervir cette Princeſſe ?
Vous ſuivrez Alamir , vous combattrez.

MORILLO.

Qui , moi ?
Quelque ſot ! Dieu m'en garde.

SANCHETTE.

Et pourquoi non ?

MORILLO.

Pourquoi ?
C'eſt que j'ai beaucoup de ſageſſe.
Deux Rois s'en vont combattre à cinq cens pas d'ici ,
Ce ſont des affaires fort belles ,
Mais ils pourront ſans moi terminer leurs querelles ,
Et je ne prends point de parti.

Fin du ſecond Acte.

ACTE TROISIE'ME.

SCENE PREMIERE.

CONSTANCE, LEONOR, HERNAND.

LEONOR.

UEL est notre destin?

HERNAND.

Délivrance & victoire.

CONSTANCE.

Quoi, Dom Pedre est défait?

HERNAND.

Oui, rien ne peut tenir
Contre un peuple né pour la gloire,
Pour vaincre, & pour vous obéir.
On poursuit les fuyards.

CONSTANCE.

Et le brave Alamir?

HERNAND.

Madame, on doit à fa perfonne
La moitié du fuccès que ce grand jour nous donne :
Invincible aux combats, comme avec vous foumis,
Il vole à la mêlée auffi bien qu'aux aubades ;
  Il a traité nos ennemis,
  Comme il a traité les Alcades.
Il eft en ce moment avec le Duc de Foix,
Dont nos Soldats charmez célébrent les exploits ;
Mais il penfe à vous feule, & pénétré de joye,
  A vos pieds Alamir m'envoye,
Et je fens, comme lui, les tranfports les plus doux,
  Qu'il ait deux fois vaincu pour vous.

CONSTANCE.

Je veux abfolument fçavoir de votre bouche,

HERNAND.

Eh quoi, Madame ?

CONSTANCE.

   Un fecret qui me touche ;
Je veux fçavoir quel eft ce généreux Guerrier.

HERNAND.

Puis-je parler, Madame, avec quelque affurance ?

CONSTANCE.

Ah, parlez, eft-ce à lui de cacher fa naiffance ?

Qu'eſt-il ? Répondez.

HERNAND.

C'eſt un brave Officier
Dont l'ame eſt aſſez peu commune,
Elle eſt au-deſſus de ſon rang ;
Comme tant de Français, il prodigue ſon ſang,
Il ſe ruine enfin pour faire ſa fortune.

LEONOR.

Il la fera ſans doute.

CONSTANCE.

Eh, quel eſt ſon projet ?

HERNAND.

D'être toujours votre ſujet ;
D'aller à votre cour, d'y ſervir avec zéle,
De combattre pour vous, de vivre & de mourir,
Toujours généreux & fidéle,
Appartenir à vous, eſt tout ce qu'il prétend.

CONSTANCE.

Ah, le Ciel lui devoit un ſort plus éclatant !
Rien qu'un ſimple Officier ! mais dans cette occurence,
Quel parti prend le Duc de Foix ?

HERNAND.

Votre parti, le parti de la France,
Le parti du meilleur des Rois.

CONSTANCE.

Que n'osera-t-il point ? que va-t-il entreprendre ?
Où va-t-il ?

HERNAND.

A Burgos il doit bientôt se rendre.
Je cours vers Alamir ; ne lui pourrai-je apprendre
Si mon message est bien reçû ?

CONSTANCE.

Allez ; & dites-lui que le cœur de Constance
S'intéresse à tant de vertu,
Plus encor qu'à ma délivrance.

SCENE DEUXIE'ME.

CONSTANCE, LEONOR.

CONSTANCE.

RIEN qu'un simple Officier !

LEONOR.

Tout le monde le dit.

CONSTANCE.

Mon cœur ne peut le croire, & mon front en rougit.

LEONOR.

J'ignore de quel sang le destin l'a fait naître,
Mais on est ce qu'on veut avec un si grand cœur.

C'eſt à lui de choiſir le nom dont il veut être;
Il lui fera beaucoup d'honneur.

CONSTANCE.

Que de vertu! que de grandeur!
Combien ſa modeſtie illuſtre ſa valeur!

LEONOR.

C'eſt peu d'être modeſte, il faut avoir encore
De quoi pouvoir ne l'être pas.
Mais ce héros a tout, courage, eſprit, apas;
S'il a quelques défauts, pour moi je les ignore,
Et vos yeux ne les verroient pas.
J'ai vû quelques héros aſſez inſuportables;
Et l'homme le plus vertueux,
Peut être le plus ennuyeux;
Mais comment réſiſter à des vertus aimables!

CONSTANCE.

Alamir fera mon malheur.
Je lui dois trop d'eſtime & de reconnoiſſance.

LEONOR.

Déja dans votre cœur il a ſa récompenſe,
J'en crois aſſez votre rougeur;
C'eſt de nos ſentimens le premier témoignage.

CONSTANCE.

C'eſt l'interpréte de l'honneur.
Cet honneur attaqué dans le fonds de mon cœur,
S'en indigne ſur mon viſage.
O Ciel! que devenir, s'il étoit mon vainqueur!

Je le crains, je me crains moi-même,
Je tremble de l'aimer, & je ne sçais s'il m'aime.

LEONOR.

Il voit que votre orgueil seroit trop offensé
Par ce mot dangereux, si charmant & si tendre ;
Il ne vous l'a pas prononcé,
Mais qu'il sçait bien le faire entendre ?

CONSTANCE.

Ah ! son respect encor est un charme de plus.
Alamir ! Alamir a toutes les vertus.

LEONOR.

Que lui manque-t-il donc ?

CONSTANCE.

Le hazard, la naissance.
Quelle injustice ! ô Ciel !... mais sa magnificence,
Ces fêtes, cet éclat, ses étonnants exploits,
Ce grand air, ses discours, son ton même, sa voix....

LEONOR.

Ajoûtez-y l'Amour, qui parle en sa deffense,
Sans doute il est du sang des Rois.

CONSTANCE.

Tout me le dit, & je le crois.
Son amour délicat vouloit que je rendisse,
A tant de grandeur d'ame, à ce rare service,

Ce

Ce qu'ailleurs on immole à son ambition.
Ah !. si pour m'éprouver, il m'a caché son nom,
    S'il n'a jamais d'autre artifice,
S'il est Prince, s'il m'aime !... O Ciel ! que me veut-on ?

SCENE TROISIE'ME.

CONSTANCE, LEONOR, SANCHETTE.

SANCHETTE.

Madame, à vos genoux, souffrez que je me jette.
    Madame, protegez Sanchette ;
Je vous ai mal connue, & pourtant malgré moi,
Je sentois du respect, sans sçavoir bien pourquoi.
Vous voilà, je crois, Reine ; il faut à tout le monde,
    Faire du bien à tout moment.
A commencer par moi.

CONSTANCE.

    Si le sort me seconde,
C'est mon projet, du moins.

LEONOR.

    Eh bien, ma belle enfant,
Madame a des bontez ; quel bien faut-il vous faire ?

F

SANCHETTE.

On dit le Duc de Foix vainqueur ;
Mais je prends peu de part au deftin de la guerre
Tout cela m'épouvante, & ne m'importe guére
J'aime, & c'eft tout pour moi.

CONSTANCE.

Votre aimable candeur
M'intéreffe pour vous ; parlez, foyez fincére.

SANCHETTE.

Ah, je fuis de très-bonne foi.
J'aime Alamir, Madame, & j'avois fçu lui plaire ;
Il devoit parler à mon pere ;
Il eft de mes parents, il vint ici pour moi.

CONSTANCE *fe tournant vers* LEONOR.

Son parent, Leonor !

SANCHETTE.

En écoutant ma plainte,
D'un profond déplaifir votre ame femble atteinte !

CONSTANCE.

Il l'aimoit !

SANCHETTE.

Votre cœur paroît bien agité !

CONSTANCE.

Je vous ai donc perdue, illufion flatteufe !

SANCHETTE.

Peut-on se voir Princesse, & n'être pas heureuse !

CONSTANCE.

Hélas ! votre simplicité
Croit que dans la grandeur est la félicité ;
Vous vous trompez beaucoup ; ce jour doit vous aprendre
Que dans tous les états, il est des malheureux.
Vous ne connoissez pas mes destins rigoureux.
Au bonheur, croyez-moi, c'est à vous de prétendre,
Mon cœur, de ce grand jour, est encor effrayé ;
Le Ciel me conduisit de disgrace en disgrace,
  Mon sort peut-il être envié ?

SANCHETTE.

  Votre Altesse me fait pitié ;
  Mais je voudrois être à sa place.
Il ne tiendroit qu'à vous de finir mon tourment.
Alamir est tout fait pour être mon Amant.
Je bénis bien le Ciel que vous soyez Princesse,
  Il faut un Prince à votre Altesse,
Un simple Gentilhomme est peu pour vos apas.
  Seriez-vous assez rigoureuse,
Pour m'ôter mon Amant, en ne le prenant pas ?
  Vous qui semblez si généreuse !

CONSTANCE *ayant un peu rêvé.*

Allez,... ne craignez rien,... quoi ! le sang vous unit ?

SANCHETTE.

Oui, Madame.

F ij

CONSTANCE.

Il vous aime!

SANCHETTE.

Oui, d’abord il l’a dit,
Et d’abord je l’ai cru; souffrez que je le croye:
Madame, tout mon cœur avec vous se déploye.
Chez Messieurs mes Parens je me mourois d’ennui;
Il faut qu’en l’époufant pour comble de ma joye,
J’aille dans votre Cour vous servir avec lui.

CONSTANCE.

Vous! avec Alamir?

SANCHETTE.

Vous connaiſſez ſon zele,
Madame, qu’avec lui, votre Cour ſera belle!
Quel plaiſir de vous y ſervir!
Ah! quel charme de voir, & ſa Reine, & ſon Prince!
Un chagrin à la Cour donne plus de plaiſir
Que mille Fêtes en Province.
Mariez-nous, Madame, & faites-nous partir.

CONSTANCE.

Etouffe tes ſoupirs, malheureuſe Conſtance;
Soyons en tous les tems digne de ma naiſſance....
Oui, vous l’épouferez,... comptez ſur mon apui,
Au vaillant Alamir, je dois ma délivrance,
Il a tout fait pour moi,... je vous unis à lui;
Et vous ſerez ſa récompenſe,

SANCHETTE.

Parlez donc à mon Pere.

CONSTANCE.
Oui.

SANCHETTE.

Parlez aujourd'hui.

Tout à l'heure.

CONSTANCE.

Oui... quel trouble & quel effort extrême !

SANCHETTE.

Quel excès de bonté ! je tombe à vos genoux,
Madame, & je ne fçais qui j'aime,
Le plus fincerement d'Alamir ou de vous.
Elle fait quelques pas pour s'en aller;

CONSTANCE.

De mon fort ennemi la rigueur eft conftante.

SANCHETTE *revenant.*

C'eft à condition que vous m'emmenerez.

CONSTANCE.

C'en eft trop.

SANCHETTE.

De nous deux vous ferez fi contente !

A LEONOR.

Avertiffez-moi, vous, lorfque vous partirez.

En s'en allant.

Que je fuis une heureufe fille !
Qu'on va me refpecter ce foir dans ma famille !

F iij

SCENE QUATRIE'ME.

CONSTANCE, LEONOR.

CONSTANCE.

A Quels maux différents tous mes jours sont livrez !
Leonor, connois-tu ma peine & mon outrage ?

LEONOR.

Je suportois, Madame, avec tranquilité,
Les persécutions, le couvent, le voyage,
J'essuyois même avec gayeté
Ces infortunes de passage.
Vous me faites enfin connoître la douleur ,
Tout le reste n'est rien près des peines du cœur ,
Le vrai malheur est son ouvrage.

CONSTANCE.

Je suis accoûtumée à dompter le malheur.

LEONOR.

Ainsi par vos bontez, sa parente l'épouse.
Il méritoit d'autres apas.

CONSTANCE.

Si j'étois son égale, hélas !
Que mon ame seroit jalouse !
Oublions Alamir, ses vertus, ses attraits,

Ce qu'il eft, ce qu'il devroit être.
Tout ce qui de mon cœur s'eft prefque rendu maître.
...Non, je ne l'oublierai jamais.

LEONOR.

Vous ne l'oublierez point ! vous le cedez !

CONSTANCE.

Sans doute.

LEONOR.

Hélas ! que cet effort vous coûte !
Mais ne feroit-il point un effort généreux ,
        Non moins grand, beaucoup plus heureux ?
Celui d'être au-deffus de la grandeur fuprême.
Vous pouvez aujourd'hui difpofer de vous-même.
        Elever un héros, eft-ce vous avilir ?
        Eft-ce donc par orgueil qu'on aime ?
        N'a-t-on que des Rois à choifir ?
Alamir ne l'eft pas, mais il eft brave & tendre.

CONSTANCE.

Non, le devoir l'emporte, & tel eft fon pouvoir,

LEONOR.

        Hélas, gardez-vous bien de prendre
        La vanité pour le devoir,
Que refolvez-vous donc ?

CONSTANCE.

        Moi ! d'être au defefpoir ;
D'obéir en pleurant à ma gloire importune ,

F iiij

D'éloigner le héros dont je me sens charmer,
De goûter le bonheur de faire sa fortune,
Ne pouvant me livrer au bonheur de l'aimer.

On entend derriére le Théâtre un bruit de Trompettes.

CHŒUR.

Triomphe Victoire,
L'équité marche devant nous ;
Le Ciel y joint la Gloire,
L'ennemi tombe sous nos coups,
Triomphe Victoire.

LEONOR.

Est-ce le Duc de Foix qui prétend par des Fêtes,
Vous mettre encor, Madame, au rang de ses conquêtes?

CONSTANCE.

Ah! je déteste le parti,
Dont la Victoire a secondé ses armes;
Quel qu'il soit, Leonor, il est mon ennemi.
Puisse le Duc de Foix auteur de mes allarmes,
Puissent Dom Pedre & lui l'un par l'autre périr.
Mais, ô Ciel ! conservez mon vengeur Alamir,
Dût-il ne point m'aimer, dût-il causer mes larmes.

SCENE CINQUIE'ME.

LE DUC DE FOIX, CONSTANCE, LEONOR.

LE DUC DE FOIX.

Madame, les Français ont délivré ces lieux ;
Dom Pedre est descendu dans la nuit éternelle.
    Gaston de Foix victorieux,
  Attend encor une gloire plus belle,
Et demande l'honneur de paroître à vos yeux.

CONSTANCE.

Que dites-vous, & qu'osez-vous m'aprendre ?
  Il paroîtroit en des lieux où je suis !
    Dom Pedre est mort, & mes ennuis
    Survivroient encor à sa cendre !

LE DUC DE FOIX.

Gaston de Foix vainqueur en ces lieux va se rendre ;
J'ai combattu sous lui ; j'ai vû dans ce grand jour,
Ce que peut le courage, & ce que peut l'amour.
Pour moi, seul malheureux, (si pourtant je peux l'être,
Quand des jours plus sereins pour vous semblent renaître)
Pénétré, plein de vous, jusqu'au dernier soupir,
Je n'ai qu'à m'éloigner, ou plûtôt qu'à vous fuir.

CONSTANCE.

Vous partez !

LE DUC DE FOIX.

Je le dois.

CONSTANCE.

Arrêtez, Alamir.

LE DUC DE FOIX.

Madame !

CONSTANCE.

Demeurez, je fçai trop quelle vûe
Vous conduifit en ce féjour.

LE DUC DE FOIX.

Quoi, mon ame vous eft connue ?

CONSTANCE.

Oui.

LE DUC DE FOIX.

Vous fçauriez ?

CONSTANCE.

Je fçai que d’un tendre retour
On peut payer vos vœux. Je fçai que l’innocence,
Qui des dehors du monde a peu de connoiffance,
Peut plaire & connoître l’amour.
Je fçai qui vous aimiez, & même avant ce jour....
Elle eft votre parente, & doublement heureufe.
Je ne m’étonne point qu’une ame vertueufe,

Ait pu vous cherir à son tour.
Ne partez point, je vais en parler à sa mere.
La doter richement, est le moins que je doi;
Devenant votre épouse elle me sera chere;
Ce que vous aimerez aura des droits sur moi.
  Dans vos enfans je chérirai leur pere;
Vos parens, vos amis, me tiendront lieu des miens,
Je les comblerai tous de dignitez, de biens.
C'est trop peu pour mon cœur & rien pour vos services,
Je ne ferai jamais d'assez grands sacrifices;
Après ce que je dois à vos heureux secours,
Cherchant à m'acquitter je vous devrai toujours,

LE DUC DE FOIX.

Je ne m'attendois pas à cette récompense.
Madame, ah! croyez-moi, votre reconnoissance
Pourroit me tenir lieu de plus grands châtimens.
Non, vous n'ignorez pas mes secrets sentimens;
Non, vous n'avez point cru qu'une autre ait pu me plaire.
Vous voulez, je le vois, punir un téméraire;
Mais laissez-le à lui-même, il est assez puni.
Sur votre renommée, à vous seule asservi,
Je me crus fortuné pourvû que je vous visse,
Je crus que mon bonheur étoit dans vos beaux yeux;
Je vous vis dans Burgos, & ce fut mon suplice.
  Oui, c'est un châtiment des Dieux,
D'avoir vû de trop près leur chef-d'œuvre adorable:
Le reste de la terre en est insuportable,
Le Ciel est sans clarté, le monde est sans douceurs,

On vit dans l'amertume, on dévore ſes larmes,
Et l'on eſt malheureux auprès de tant de charmes,
Sans pouvoir être heureux ailleurs.

CONSTANCE.

Quoi, je ſerois la cauſe & l'objet de vos peines !
Quoi, cette innocente beauté
Ne vous tenoit pas dans ſes chaînes !
Vous oſez !

LE DUC DE FOIX.

Cet aveu plein de timidité,
Cet aveu de l'amour le plus involontaire,
Le plus pur à la fois, & le plus emporté,
Le plus reſpectueux, le plus ſûr de déplaire,
Cet aveu malheureux peut être a mérité,
Plus de pitié que de colere.

CONSTANCE.

Alamir, vous m'aimez !

LE DUC DE FOIX.

Oui, dès long-tems ce cœur,
D'un feu toujours caché brûloit avec fureur ;
De ce cœur éperdu voyez toute l'yvreſſe ;
A peine encor connu par ma foible valeur,
Né ſimple Cavalier, Amant d'une Princeſſe,
Jaloux d'un Prince & d'un Vainqueur,
Je vois le Duc de Foix amoureux, plein de gloire,

Qui, du grand Duguefclin, compagnon fortuné,
    Aux yeux de l'Anglais confterné,
Va vous donner un Roi des mains de la Victoire.
Pour toute récompenfe, il demande à vous voir,
Oubliant fes exploits, n'ofant s'en prévaloir,
Il attend fon arrêt, il l'attend en filence.
Moins il efpére, & plus il femble mériter;
    Eft-ce à moi de rien difputer,
Contre fon nom, fa gloire, & furtout fa conftance ?

CONSTANCE.

A quoi fuis-je reduite ! Alamir, écoutez:
Vos malheurs font moins grands que mes calamitez;
Jugez-en; concevez mon defefpoir extrême.
Sçachez que mon devoir eft de ne voir jamais
    Ni le Duc de Foix, ni vous-même.
Je vous ai déja dit à quel point je le hais,
Je vous dis encor plus, fon crime impardonnable
    Excitoit mon jufte courroux ;
Ce crime jufqu'ici le fit feul haiffable,
Et je crains à préfent de le hair pour vous.
Après un tel difcours, il faut que je vous quitte.

LE DUC DE FOIX.

Non, Madame, arrêtez, il faut que je mérite
Cet oracle étonnant qui paffe mon efpoir.
Donner pour vous ma vie, eft mon premier devoir;
Je puis punir encor ce rival redoutable,
Même au milieu des fiens je puis percer fon flanc,

Et noyer tant de maux dans les flots de son sang,
J'y cours.

CONSTANCE.

Ah ! demeurez, quel projet effroyable !
Ah ! respectez vos jours à qui je dois les miens ;
Vos jours me sont plus chers que je ne hais les siens.

LE DUC DE FOIX.

Mais est-il en effet si sûr de votre haine ?

CONSTANCE.

Hélas ! plus je vous vois, plus il m'est odieux.

LE DUC DE FOIX *se jettant à genoux, & présentant*
son épée.

Punissez donc son crime en terminant sa peine,
Et puisqu'il doit mourir, qu'il expire à vos yeux.
Il bénira vos coups ; frappez, que cette épée
Par vos divines mains soit dans son sang trempée ;
Dans ce sang malheureux, brûlant pour vos attraits.

CONSTANCE *l'arrêtant.*

Ciel ! Alamir, que vois-je ! & qu'avez-vous pû dire ?
Alamir, mon vengeur, vous par qui je respire, ...
Etes-vous celui que je hais ?

LE DUC DE FOIX.

Je suis celui qui vous adore,
Je n'ose prononcer encore

Ce nom haï long-tems, & toujours dangereux ;
Mais parlez, de ce nom faut-il que je jouisse ?
Faudra-t-il qu'avec moi ma mort l'ensevelise ;
Ou que de tous les noms il soit le plus heureux ?
J'attends de mon destin l'Arrêt irrévocable,
    Faut-il vivre, faut-il mourir ?

CONSTANCE.

Ne vous connoissant pas je croyois vous haïr ;
Votre offense à mes yeux sembloit inexcusable,
Mon cœur à son courroux s'étoit abandonné ;
Mais je sens que ce cœur vous auroit pardonné,
    S'il avoit connu le coupable.

LE DUC DE FOIX.

Quoi ! ce jour a donc fait ma gloire & mon bonheur !

CONSTANCE.

De Dom Pedre & de moi vous êtes le vainqueur.

SCENE SIXIE'ME.

MORILLO, SANCHETTE, HERNAND,
& les Acteurs de la Scene précédente, Suite.

MORILLO.

ALLONS, une Princesse est bonne à quelque chose ;
    Puisqu'elle veut te marier,

Et que ton bon cœur s'y difpofe,
Je vais au plus vîte, & pour caufe,
Avec Alamir te lier,
Et conclure à l'inftant la chofe.

Appercevant Alamir *qui parle bas, & qui embraffe les genoux de la* Princesse.

Oh! oh! que fait donc là mon petit Officier?
Avec elle tout bas il caufe,
D'un air tant foit peu familier.

SANCHETTE.

A genoux il va la prier,
De me donner à lui pour femme :
Elle ne répond point, ils font d'accord.

CONSTANCE au Duc de Foix, *à qui elle parloit bas auparavant.*

Mon ame,
Mes Etats, mon deftin, tout eft au Duc de Foix;
Je vous le dis encor, vos vertus, vos exploits
Me font moins chers que votre flamme.

SANCHETTE.

Le Duc de Foix? Mon pere, avez-vous entendu?

MORILLO.

Lui, Duc de Foix? te mocques-tu?
Il eft notre parent.

SANCHETTE.

SANCHETTE.

S'il alloit ne plus l'être ?

HERNAND.

Il vous faut avouer que ce Héros mon Maître,
Qui fut votre parent pendant une heure ou deux,
Est un Prince puissant, galant, victorieux ;
Et qu'il s'est fait enfin connaître.

LE DUC DE FOIX *en se retournant vers*
HERNAND.

Ah ! dites seulement qu'il est un Prince heureux ;
Dites que pour jamais, il consacre ses vœux
A cet objet charmant notre unique espérance,
La gloire de l'Espagne, & l'amour de la France.

SANCHETTE.

Adieu mon mariage ! Hélas trop bonnement,
Moi j'ai crû qu'on m'aimoit.

MORILLO.

Quelle étrange journée !

SANCHETTE.

A qui ferai-je donc ?

CONSTANCE.

A ma Cour amenée,
Je vous promets un établissement ;
J'aurai soin de votre Himenée.

LEONOR.

Ce fera, s'il vous plaît, avec un autre Amant.

SANCHETTE A LA PRINCESSE.

Si je vis à vos pieds, je fuis trop fortunée.

MORILLO.

Le Duc de Foix, comme je voi,
Me faifoit donc l'honneur de fe moquer de moi.

LE DUC DE FOIX.

Il faudra bien qu'on me pardonne ;
La Victoire & l'Amour ont comblé tous nos vœux;
Qu'au plaifir déformais ici tout s'abandonne :
Conftance daigne aimer, l'Univers eft heureux.

Fin du troifiéme Acte.

DIVERTISSEMENT
QUI TERMINE LE SPECTACLE.

Le Théâtre repréfente les Pyrenées , L'Amour defcend fur un char , fon arc à la main.

L'AMOUR. (*a*)

DE rochers entaffez , amas impénétrable ;

Immenfe Pirenée , en vain vous féparez

Deux Peuples généreux à mes loix confacrez ;

Cédez à mon pouvoir aimable ;

Ceffez de divifer les climats que j'unis ;

Superbe montagne obéis ;

Difparoiffez , tombez impuiffante barriere.

Je veux dans mes peuples cheris ,

Ne voir qu'une famille entiere.

Reconnoiffez ma voix & l'ordre de LOUIS :

Difparoiffez , tombez impuiffante barriere.

CHŒUR D'AMOURS.

Difparoiffez , tombez impuiffante barriere.

____

(*a*) La Demoifelle ROMAINVILLE.   G ij

La montagne s'abîme insensiblement, les Acteurs chantans & dansans sur le Théâtre qui n'est pas encor orné.

L'AMOUR.

Par les mains d'un grand Roi, le fier Dieu de la guerre,
  A vû les remparts écroulez,
  Sous les coups redoublez,
  De son nouveau tonnerre ;
  Je dois triompher à mon tour :
  Pour changer tout sur la terre,
  Un mot suffit à l'Amour.

CHŒUR *des suivants de l'Amour.*

Disparoissez, tombez impuissante barriere.

Il se forme à la place de la montagne un vaste & magnifique Temple consacré à l'Amour, au fond duquel est un trône que l'Amour occupe.

Ce Temple est rempli de quatre Quadrilles distinguées par leurs habits & par leurs couleurs ; chaque Quadrille a ses drapeaux.

Celle de FRANCE *porte dans son drapeau pour devise un lis entouré de rejettons.* Lilia per orbem.

*L'*ESPAGNE *un soleil & un parélie.* Sol è Sole.

La quadrille de NAPLES. Recepit & servat.

La quadrille de DOM PHILIPPE. Spe & animo.

On Danſe. (*b*)

Paroles ſur une Chaconne. (*c*)

Amour, Dieu charmant, ta puiſſance
A formé ce nouveau ſéjour,
Tout reſſent ici ta puiſſance,
Et le monde entier eſt ta Cour.

UNE FRANÇAISE. (*d*)

Les vrais ſujets du tendre Amour,
Sont le peuple heureux de la France.

LE CHŒUR.

Amour, Dieu charmant, ta puiſſance,
A formé ce nouveau ſéjour, &c.

(*b*) *Français.* Les ſieurs DUMAY, PITRO, les Demoiſelles ROSALY, HERNIE.

Eſpagnols. Les ſieurs MONSERVIN, GHERARDY, les Dlles RABON, CARVILLE.

Napolitains. Les ſieurs CAILLY, DE VISCE, Les Demoiſelles THIERY, BEAUFORT.

Milanais. Les ſieurs JAVILLIERS *le jeune*, MALTER 2. les Demoiſelles COURCELLE, SAINT - GERMAIN.

Le ſieur DUPRE' *ſeul.*

(*c*) La Demoiſelle BOURBONNOIS, le ſieur ALBERT, *Eſpagnols.*

(*d*) La Demoiſelle VARQUIN.

On Danse. (e)

Après la danse UNE VOIX *chante alternativement avec le Chœur.* (f)

Mars, Amour sont nos Dieux,

Nous les servons tous deux,

Accourez après tant d'allarmes,

Volez plaisirs, enfans des Cieux,

'Au cri de Mars, au bruit des armes,

Mêlez vos sons harmonieux

A tant d'exploits victorieux,

Plaisirs, mesurez tous vos charmes.

On Danse. (g)

CHŒUR. (h)

La gloire toujours nous apelle,

Nous marchons sous ses étendars,

Brûlant de l'ardeur la plus belle

Pour Louis, pour l'Amour & Mars.

(e) Les sieurs GHERARDY, MONSERVIN, *Espagnols.* PITRO, *Français.*

(f) Le sieur POIRIER.

(g) Les Demoiselles HERNIE, ROSALY, *Françaises.* RABON, CARVILLE, *Espagnoles.*

(h) *On danse pendant ce Chœur.*

D U O. (*i*)

Charmants plaisirs, nobles hazards,

Quel peuple vous est plus fidele ?

C H Œ U R.

Mars, Amour sont nos Dieux,

Nous les servons tous deux.

On continue la danse. (*k*)

UN FRANÇAIS. (*l*)

Amour, Dieu des héros, sois la source feconde

De nos exploits victorieux ;

Fais toujours de nos Rois, les premiers Rois du monde,

Comme tu l'es des autres Dieux.

On danse. (*m*)

UN ESPAGNOL, & UN NAPOLITAIN. (*n*)

A jamais de la France

Recevons nos Rois,

Que la méme vaillance

Triomphe sous les mêmes loix.

(*i*) Le sieur ALBERT, la Demoiselle VARQUIN.

(*k*) La Demoiselle CAMARGO, *Napolitaine.*

(*l*) Le sieur DE CHASSE'.

(*m*) Le sieur MALTER 3, la Demoiselle AUGUSTE, *en Espagnole.*

(*n*) Le sieur JELIOTTE, *Espagnol.*

Le sieur LE PAGE, *Napolitain.*

 DIVERTISSEMENT.

On danse. (o)

Air de Trompettes suivi d'un air de Musettes. Parodies sur l'un & l'autre.

UN FRANÇAIS. (*p*)

Hymen, frere de l'Amour,

Descends dans cet heureux séjour.

Vois ta plus brillante Fête

Dans ton empire le plus beau,

C'est la gloire qui l'aprête,

Elle allume ton flambeau,

Ses lauriers ceignent ta tête.

Hymen, frere de l'Amour

Descends dans cet heureux séjour.

L'HYMEN descend dans un char accompagné de l'AMOUR, pendant que le chœur chante; l'HYMEN & l'AMOUR (q) forment une danse caractérisée, ils se fuyent, ils se chassent tour à tour; ils se réunissent, ils s'embrassent & changent de flambeau.

(o) Le sieur DUMOULIN, la Demoiselle SALL'. La Demoiselle CAMARGO *seule.*

(p) Le sieur POIRIER.

(q) *L'AMOUR*, la Demoiselle PUVIGNE', *L'HYMEN*, Le sieur LAVAL, *fils.*

DUO. (r)

Charmant Hymen, Dieu tendre, Dieu fidele,
Sois la source éternelle
Du bonheur des humains:
Regnez race immortelle,
Feconde en Souverains.

PREMIERE VOIX.   SECONDE VOIX.
Donnez de justes loix.   Triomphez par les armes,

PREMIERE VOIX.
Epargnez tant de sang, essuyez tant de larmes;

SECONDE VOIX.
Non, c'est à la Victoire à nous donner la paix.

ENSEMBLE.

Dans vos mains gronde le tonnerre;

Effrayez
Rassurez } la terre.

Frapez vos ennemis, repandez vos bienfaits.

On reprend.

Charmant Hymen, Dieu tendre, &c.

(r) Le sieur POIRIER, en François.
Le sieur JELIOTTE, en Espagnol.

II

 DIVERTISSEMENT.

On danse. (ſ)

BALLET GÉNÉRAL DES QUATRE QUADRILLES.

GRAND CHŒUR.

Regnez race immortelle,

Féconde en Souvenirs, &c.

(ſ) La Demoiſelle CAMARGO, en Napolitaine.

FIN.